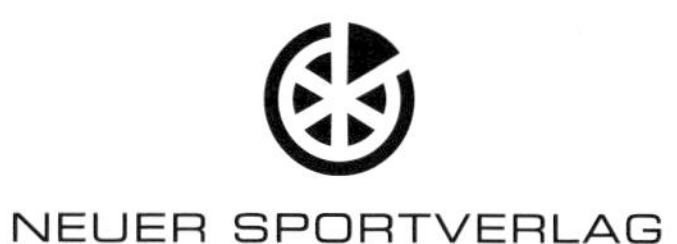

TENNISCODE

Das Erfolgsprogramm für Tennisspieler

Autor

Moritz Jessen

INHALT

EINLEITUNG

Tennis wirkt auf den ersten Blick gar nicht so schwierig: Ein Ball muss mit einem Schläger über das Netz und ins gegnerische Feld geschlagen werden. Dabei benötigen die Spieler nicht nur Kraft und Ausdauer, sondern auch taktisches und technisches Geschick.

Das weckt bei vielen eine gewisse Faszination für diesen Sport, der auf eine lange Tradition zurückblickt.

Sobald der Ehrgeiz steigt und die Ansprüche an das Ergebnis höher werden, ist es wichtig zu wissen, wie sich die Leistung verbessern lässt. Die Spieler sehen sich einer Flut von Informationen ausgesetzt, die erst von einem Trainer sortiert und kanalisiert werden müssen. Doch ist es auch möglich, sich einen eigenen Filter zu schaffen, um herauszufinden, was, wann und wie trainiert werden soll?

Mit dem im vorliegenden Buch beschriebenen System möchte ich diese Frage(n) beantworten. Darin lassen sich alle Übungen einordnen, die du bereits kennst oder die du zukünftig noch kennenlernen wirst. Du entwickelst damit einen ganz persönlichen Blick auf dein eigenes Tennis-Spiel.

Dieser Filter lässt dich hinterfragen, ob das, was du trainierst, wirklich nötig ist und wofür es genau gebraucht wird.

Tennis ist wie ein großes Puzzle mit vielen Teilen. Je mehr Teile zusammenpassen, desto besser ist das Gesamtbild zu erkennen. Ergebnis und Bewegung ergeben den Rahmen dieses großen Puzzles. Ist das Bild klar und deutlich, dann wird gespielt.

Das Wissen ist zwar keine Garantie für das Gewinnen.
Aber das richtige Training erhöht die Wahrscheinlichkeit.

Jede Übung kann etwas bringen, wenn man den richtigen Fokus setzt. Diesen bestimmst du immer selbst. Denn nur wenn du verstehst, was du machst, kannst du es auch entsprechend abspeichern und zur richtigen Zeit wieder abrufen. Bist du im Training nur physisch anwesend, tritt der gewünschte Effekt des Speicherns nicht ein. Diesen erlangst du erst, wenn du auch psychisch anwesend bist und dein Handeln reflektierst. Viele Spieler möchten gerne speichern, doch wissen sie nicht, wie und vor allem was. Ich möchte dir helfen, dieses Problem anhand von einfachen Prinzipien und einer Struktur zu lösen.

Wenn wir unser Handeln bewusst steuern und beeinflussen, dann programmieren wir durch das Abspeichern eine Art „Tenniscode“. Das gilt es zu erreichen, denn der Rest ist ein Spiel.

Um diese Erkenntnis mit euch zu teilen, ist ein Ratgeber entstanden, den ich mir selbst gewünscht hätte …

An dieser Stelle möchte ich auch darauf hinweisen, dass im Buch die männliche Form benutzt wird, um den Lesefluss flüssiger zu gestalten. Es sind aber in jedem Fall immer alle Geschlechter gemeint.

Vorwort Sven Groeneveld

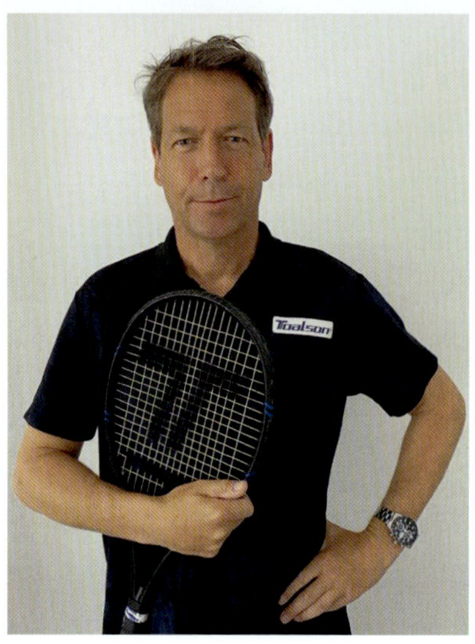

„Tenniscode“ is the key to all of your answers when it comes to solving the equation of tennis.

Moritz knows all the secrets to getting the best out of you on the court. He has always impressed me with his ability to analyze any situation to develop and create solutions for players and coaches. „Tenniscode“ will take you through a journey of tennis exploration and will provide you with a road map to reach your ultimate goals.

Moritz is the tennis mathematician.

Vorwort
Eva Krejcova

A few words about my very good „true friend".

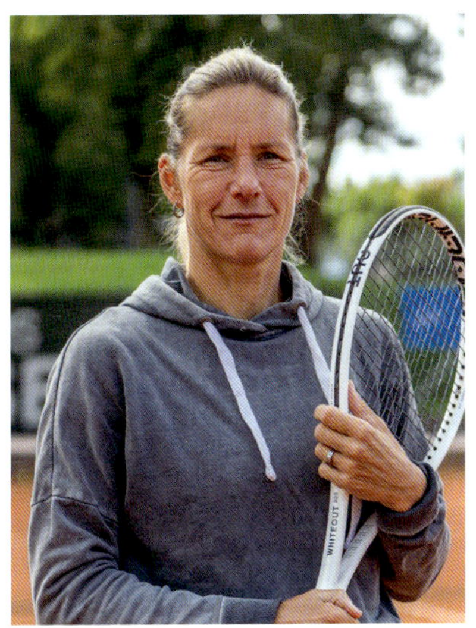

The first time I met Moritz was when I was coaching a 15-year-old talented player from the Czech Republic. She wanted to become a professional tennis player and Moritz was the best coach to help to make her dreams come true. Technically, she improved a lot and her fitness was much better after two years of cooperation with my dear friend Moritz. Finally, she played all junior grand slams and Olympic junior games and became no. 37 in the World ITF Junior. All thanks to his great job and help.

After that, I took some rest while coaching young kids in the Czech Republic and I always knew who to call at any time of day.

Actually I try to work with my daughter Sofi and I know I have the best support and help I can imagine. After ten years of my professional career and almost 20 years of coaching players, I would trust only a few people and Moritz is definitely one of them. Thank you for everything, no words can explain it ...

This book is a must-have for players and coaches who love to work in details and want to improve fast and with a system.

Über den Autor Moritz Jessen

Ich bin Moritz Jessen, Tennistrainer aus Leidenschaft.

Seit 20 Jahren betreibe ich eine Tennisschule und bringe Kindern, Jugendlichen und Erwachsenen das Tennis-Spiel bei.

Es ist meine Berufung, Sportler auszubilden und diese auf ihrem sportlichen Weg zu begleiten.

Die Erfahrungen als Trainer der Tennisschule haben mich erkennen lassen, dass es eine Struktur gibt, die sowohl im Freizeit- als auch im Profibereich für Kinder als auch Erwachsene angewendet werden kann.

Von Anfang an bin ich im Team von Sofi Hettlerova, einer talentierten Nachwuchsspielerin. Auch blicke ich auf eine Reihe von Turnierbetreuungen im nationalen und internationalen Bereich sowie viele Hittings mit Top-Athleten zurück. Ich habe schon immer eine gesunde Mischung zwischen Profisport und Freizeitsport gesucht.

Mit dem Buch erfülle ich mir einen Traum und freue mich, mein Wissen über Tennis mit euch zu teilen.

Viel Spaß beim Umsetzen der Tipps!
Euer Coach Moritz

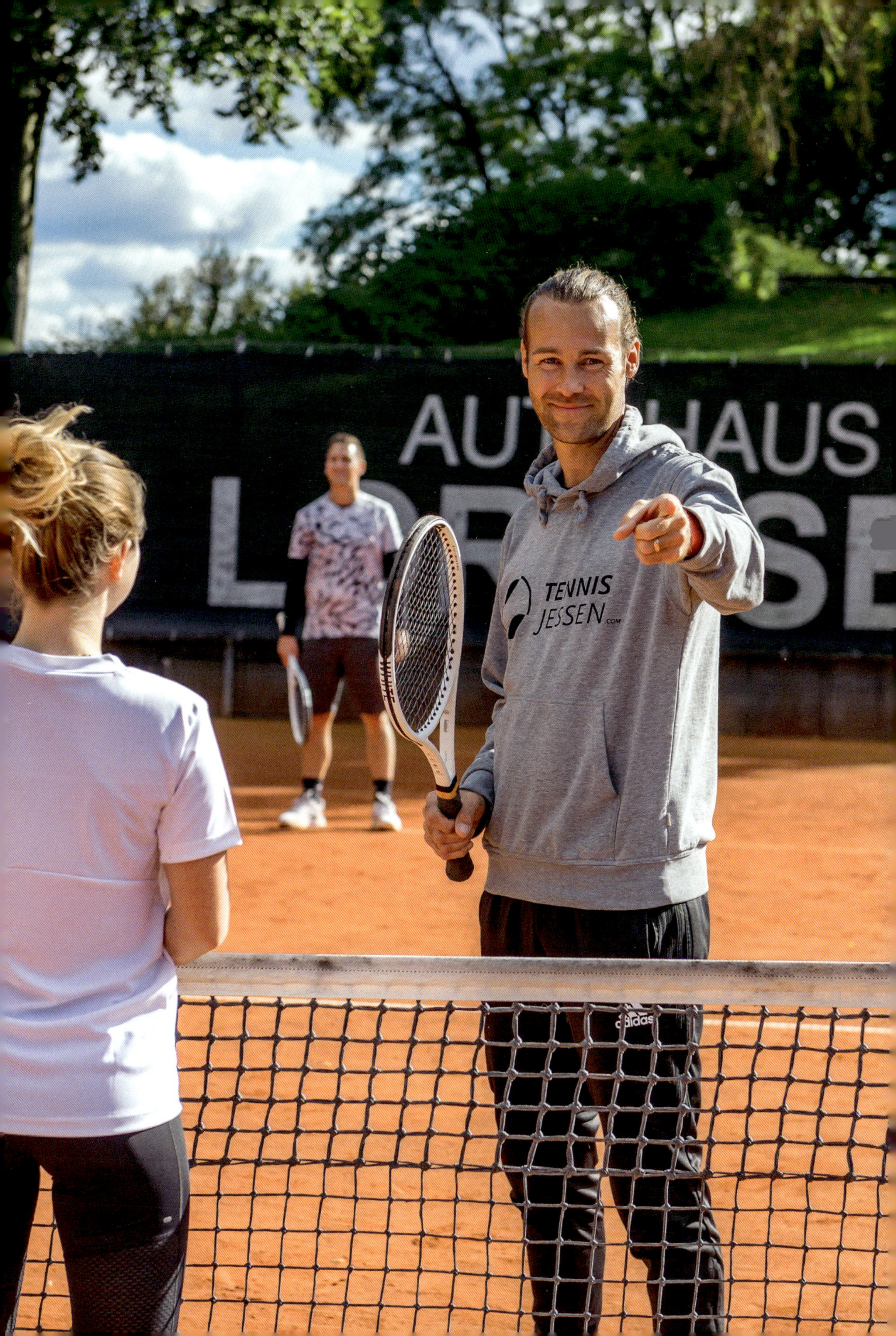
TENNIS
JESSEN.com
adidas

FOKUS

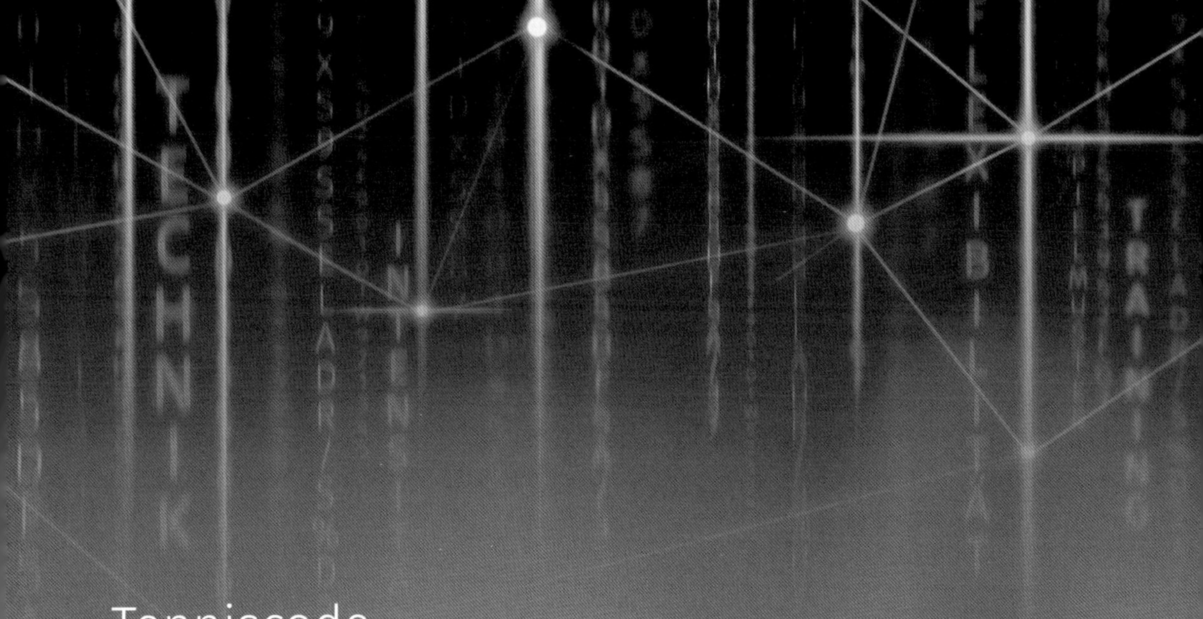

Tenniscode

Tennistraining ist wie Programmieren …

Drei Fragen – kurz beantwortet

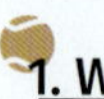

1. Warum ein neues Tennis-Buch?

Mit diesem Tennis-Buch möchte ich alle Informationen festhalten, die ich in meiner Zeit als Trainer gesammelt habe. Es handelt sich um eine Essenz des Wissens, um sowohl Spielern als auch Eltern und Trainern neue Impulse zu geben.

So entstand eine besondere Art der Struktur und Sichtweise auf die Bedeutung der Bewegung und des Verhaltens im Tennis.

2. Was ist an diesem Buch so besonders?

Dieses Buch erklärt Tennis strukturiert und auf der Basis praktischer Erfahrungen. Diese Sichtweise kann Spielern jeder Spielstärke und Altersklasse dabei helfen, Tennis zu erlernen und ihr Spiel zu verbessern.

3. Wie lässt sich das Buch in einem Satz zusammenfassen?

Das Buch stellt eine strukturierte Sichtweise auf das bewegungs- und ergebnisorientierte Lernen im Tennis vor, um damit die Erfolgs-Wahrscheinlichkeit im Spiel zu erhöhen.

Download Arbeitsblätter

www.neuersportverlag.de/ebook/tenniscode.pdf

Diese Arbeitsblätter helfen dir zu erkennen, mit welchem Schlag du die höchste Wahrscheinlichkeit auf einen erfolgreichen Ballwechsel hast und wie du mit einer Trainingsanalyse die Effektivität deines Trainings erhöhst. Wie das geht, liest du auf den Seiten 65–71 (Prozenttennis) und Seite 74 (Training beobachten).

Tennistraining ist wie Programmieren ...

Ohne Training gibt es keinen Erfolg. Alles, was für ein erfolgreiches Tennis benötigt wird, muss immer wieder geübt werden. Wie ein Algorithmus, der nach einem sich wiederholenden Schema abläuft und auf Erfolg „programmiert" ist.

In unserem Fall bedeutet das:

Wir suchen für unser Tennis die richtige Reihenfolge von Abläufen, die ein möglichst effizientes Ergebnis hervorrufen und auf jeden Spieler individuell übertragbar sind.

Um so einen „Tenniscode" zu schreiben, muss man die **Gemeinsamkeiten bei Kindern, Jugendlichen und Erwachsenen in den unterschiedlichsten Spielstärken anschauen.**

Alle Spieler bringen mit:

- das Equipment (Ball, Schläger)
- eine bestimmte Vorstellung von Tennis
  (der Ball muss übers Netz ins Feld gespielt werden)
- den eigenen Körper (Arme, Beine usw.)
- ein Bedürfnis (Motivation)

Diese Gemeinsamkeiten sind die Basis für einen individuellen Tenniscode.

Verstehen

Bevor es jedoch mit dem Programmieren des eigenen Tenniscodes losgeht, muss man zuerst die Herangehensweise verstehen, um dann zu erkennen, welche Dinge man überhaupt steuern und beeinflussen kann.

Hat man alle Komponenten zusammen, lassen sich diese in eine sinnvolle Struktur gliedern.

Auf dieses Wissen kann man später zurückgreifen und es in den einzelnen Situationen immer wieder anwenden.

Wo beginnt nun die Verbesserung?
Und was möchte ich eigentlich an meinem Tennis verbessern?
Verfolgt jeder Spieler das gleiche Ziel, wenn er sich verbessern möchte?

Man kann Tennis mit unterschiedlichen Intentionen ausüben.

Typ A) Tennis, weil es Sport sein soll

Manche spielen Tennis, um sich sportlich zu betätigen. Die Bewegung mit dem Ball ist hierbei die eigentliche Motivation. Aber auch die Kontrolle über den Ball macht vielen Spielern Spaß. Denn einen Ball technisch perfekt zu schlagen, sorgt für ein schnelles Feedback: Das fühlt sich nicht nur gut an, sondern zeigt, dass genau das passiert, was man sich vorgenommen hat. Die Punkte stehen dabei nicht im Fokus, aber es ist einfach schön, mit einem Spielpartner kontrolliert den Ball hin und her zu spielen.

Typ B) Tennis, weil man das Spiel liebt

Es ist ein Spiel mit und für sich selbst. Zu einem Spiel gehören immer ein Gewinner und ein Verlierer. Sonst wäre es kein Spiel.

Spielen ist schön, wenn man gewinnt. Es ist schön, wenn es einem das gibt, was man braucht. Das Gefühl der Erschöpfung, nachdem man sich mit dem Gegner gemessen hat, ist auch ein Erlebnis der Anerkennung seiner selbst und von außen. Hierfür gibt es unterschiedlichste Motive.

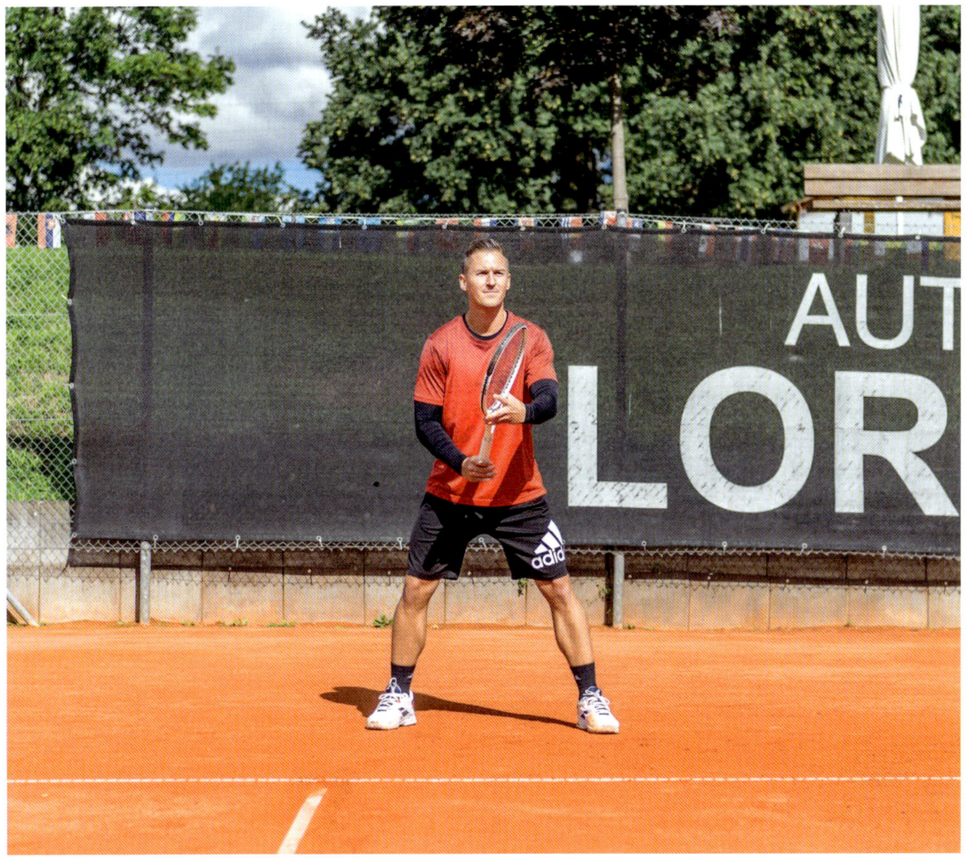

Beim Tennis-Spiel gibt es klare Regeln, die außerhalb unseres Einflusses liegen. Aber die Dinge, die wir für das Spiel benötigen, liegen in unseren Händen.

So zum Beispiel auch die Vorbereitung auf den Schlag, die notwendigen Entscheidungen und der Umgang mit bestimmten Situationen. Aus diesem Grund ist Tennis so attraktiv. Jeder Ballwechsel verlangt nach Entscheidungen. Entscheidungen, die richtig oder falsch getroffen werden. Dies zeigt sich sofort im Ergebnis; ein besseres Feedback gibt es fast nicht. Je nach Gegner sind die Entscheidungen aber auch mit Glück oder unverhofften Änderungen verbunden. Genau darin liegt der Reiz: sich zu messen, ohne exakt zu wissen, was als Nächstes passiert.

- Bin ich auf gleicher Augenhöhe mit dem Gegenspieler?
- Bin ich gut vorbereitet und habe ich die passenden Voraussetzungen, um mitzuhalten?
- Werden die Ergebnisse eintreten, die ich erwartet habe?

Es ist eine Betrachtung vom großen Ganzen bis ins kleinste Detail. Wie ist der Blick des Gegners? Wie dreht sich der Ball? Welche taktischen „Muster“ lassen sich erkennen und welche Reaktionen löst eine Veränderung dieser Muster aus? Das Schöne an diesem Spiel sind die immer wiederkehrenden Chancen. Bis zum letzten Ball hat man eine Chance. Es kann nach einem verlorenen Punkt auch sofort wieder einen gewonnenen Punkt geben.

Fazit

Die Gemeinsamkeit der beiden zuvor erläuterten Spielertypen ist lediglich der Tennissport an sich. Hier ist für die Verbesserung nur der Wille notwendig, dem Bedürfnis nachzugeben.

Beide Spieltypen benötigen allerdings für ihre Motivation zum Tennis-Spiel die Vorstellung, wie man Tennis spielt und wohin man den Ball platziert. Die Schnittmenge beider Aspekte ist die Platzierung des Balles.

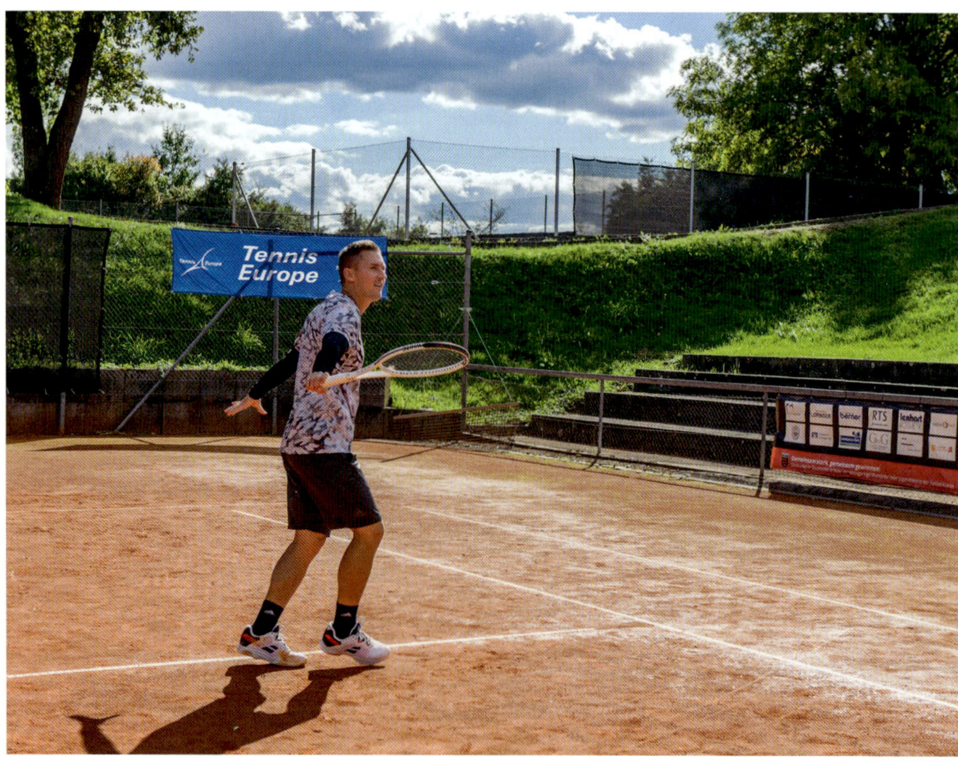

Ergebnisorientiert arbeiten

Egal, welcher Spielertyp man ist, die Erwartung, sofort das gewünschte Ergebnis zu erzielen, ist sehr hoch. Das liegt auch daran, dass wir gelernt haben, zuerst das Ziel zu definieren.

- **Der Ball muss übers Netz.**
- **Spiel den Ball in dieses Feld.**

Das macht selbstverständlich den Reiz aus. Vorab muss jedoch einiges mehr getan werden, als einfach draufloszuschlagen.

Man möchte beim Tennis bestimmen, wohin man den Ball spielt.
Das *perfekte* Ergebnis ergibt sich aus dem Erreichen des Zielfeldes mit dem passenden Schlag. Der Schlag, d. h. das Treffen des Balles mit dem Schläger, wird durch eine Bewegung des Körpers ausgelöst. Stimmt das Ergebnis nicht, muss der Fehler also davor in der Aktion des Körpers liegen. Dies bedeutet im Umkehrschluss aber auch, dass jedes Mal, wenn das Ergebnis passt, die Bewegung richtig war. Das Ergebnis wird bei vielen immer als Erstes betrachtet, um zu beurteilen, ob alles gepasst hat. Ergebnisorientiert zu trainieren bedeutet, immer den Blick auf das Ende der Situation zu richten.

Dies könnte ein Ansatz sein, um Tennis zu erlernen. Es handelt sich hierbei um den „schnellen Erfolg“. Dabei werden immer wieder unterschiedliche Situationen erzeugt, in denen die Bewegung ausgeübt wird.

Damit möchte ich sagen, dass das Ergebnis nicht die Konstante im Training sein kann, da ich nur bedingt Einfluss auf die unterschiedlichen Situationen habe, in denen der Ball gespielt wird. Konstanten Einfluss habe ich immer nur auf meine eigene Bewegung.

Dieses Buch beschäftigt sich daher mit der aus meiner Sicht langfristigen Erfolgsmethode:

Mit dem Training, auf das ich zu 100 % Einfluss habe.

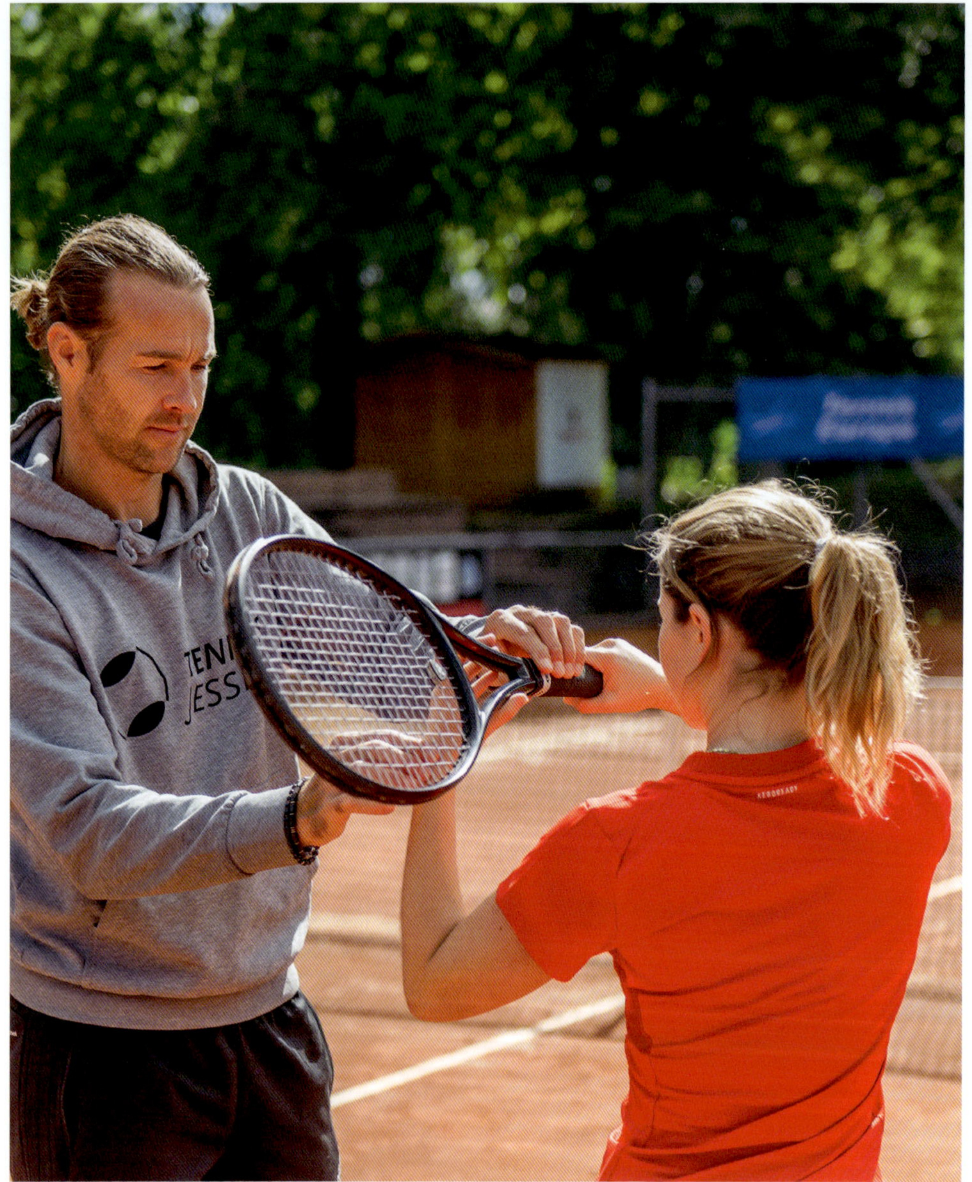

Bewegungsorientiert arbeiten

Um das gewünschte Ergebnis konstant abzurufen, muss jetzt ein Schritt zurückgegangen werden zur eigentlichen Schlagaktion, die vom Körper ausgelöst wird.

Ich möchte noch mal darauf eingehen, warum es so wichtig ist, wie die Bewegung ausgeführt wird. Gerade für den Fall, wenn dabei auch das Ergebnis stimmt.

In der einzelnen Situation, wo der Ball getroffen wurde und das Zielfeld optimal wie gewünscht erreicht hat, erscheint es augenscheinlich als nicht so wichtig. Der Fokus liegt ja auf dem Ergebnis. Wird der Ball zum Beispiel fälschlicherweise mit dem Rahmen getroffen und man verwandelt damit dennoch den Matchball, wird sich kaum einer beschweren.

Doch führt diese alleinige Ausrichtung am Ergebnis nicht selten dazu, dass unnötige Bewegungsmuster, die lediglich der Spielsituation geschuldet waren, abgespeichert werden.

Diese kommen zustande, da der Körper oft mit dem Gleichgewichthalten oder dem Abbremsen der Bewegung beschäftigt ist. Auch Spieler, die zu schnell an die Grundlinie gehen, oder zu schnell druckvoll spielen möchten, bekommen das Problem, dass das Ergebnis und die Bewegung nicht im Einklang stehen.

Im Lernprozess nach dem ergebnisorientierten Ansatz entstehen also abgespeicherte Bewegungsmuster, die weder „optimal" noch „kompatibel" sind, um diese konstant und in jeder Spielsituation abrufen zu können. Infolgedessen passen diese Bewegungsabläufe nicht zu jedem Schlag, da sie manchmal zu klein oder zu groß ausfallen. Sie sind deshalb nicht falsch, dennoch nicht die Idealbewegung.

Wir möchten uns aber möglichst dauerhaft auf eine Bewegung verlassen, um das gewünschte Ergebnis zu erzielen. Erfolgreiche Schläge sollen nicht vom Zufall abhängen. Dabei sollte die Bewegung ergonomisch ablaufen, um diese mit dem geringstnötigen körperlichen Aufwand für längere Zeit immer wieder abzurufen.

Nur die Idealbewegung ermöglicht dies.

Eine solche Idealbewegung im Tennis verbindet Körper und Schläger in einem perfekten Zusammenspiel auf der Basis eines ergonomischen Ablaufs. Dabei wird das maximale Potenzial des Körpers passend zu jeder Situation in den Schlag gelegt, um das gewünschte Ergebnis am Ball zu erzielen.

Das definiere ich als bewegungsorientiertes Training.

Die Schablone

Um an der Idealbewegung arbeiten zu können, muss man zuerst wissen, wie die Bewegung aussehen muss.

Es wird eine Art „Schablone" im Kopf angefertigt, die man anschließend auf seine Bewegung zu legen versucht.

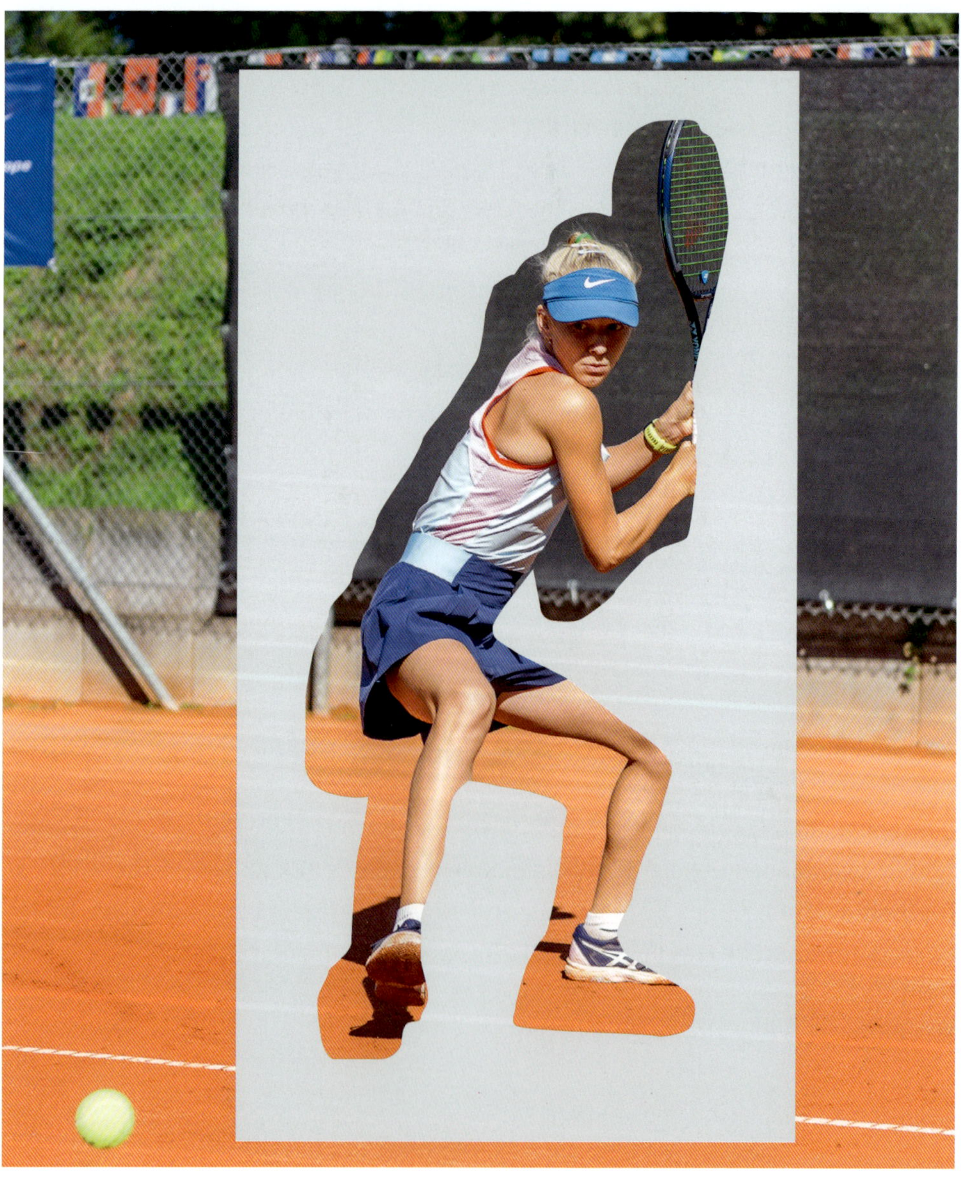

Erlernen

Die Vorstellung der Bewegung deckt sich nicht immer mit jeder Situation. Hierfür sollte man geübt sein oder einen Trainer haben, der die richtige Bewegung demonstrieren kann. Beim Anfänger- und Kindertennis wäre das zum Beispiel eine Bewegung, die fokussiert auf den Treffpunkt ausgelegt ist, und nicht eine Bewegung, die man bei einem Profispieler gesehen hat. Denn die Bewegungen eines ausgebildeten Athleten sind viel komplexer als die eines Amateurs.

Es gilt, aus Erfahrungen zu lernen. Daher nimmt man bekannte Bilder zu Hilfe, die man bereits gesehen hat. Bewegungen, die einem natürlich und bewährt vorkommen. Man kann sich auf sein Gefühl verlassen, natürliche Bewegungsmuster zu erkennen, denn selbst Kinder wissen, wann eine Bewegung eher lustig oder doch stabil aussieht. Sie verstehen sofort, mit welcher Bewegung etwas möglich ist und mit welcher nicht, denn sie erlernen Bewegungen schon im Kleinkindalter durch Imitation.

Beobachtet man einen Tennisspieler im Fernsehen oder auf dem Platz, bemerkt man sofort, ob dieser gut spielt oder nicht. Man erkennt unmittelbar, ob es sich um eine Vorhand oder Rückhand handelt. Ebenso erkennt man intuitiv, welch enorme Kraftleistung oder Anstrengung dahinterstecken oder wie leicht das Spiel wirkt. Das bedeutet also auch, dass man bereits eine Vorstellung davon hat, wie der Schlag aussehen soll.

Verbessern

Im nächsten Schritt heißt es, diese Bewegungs-Schablone zu nehmen und sie über die eigene Bewegung zu legen.

Alle Abweichungen von der Schablone sollten überdacht werden.

Folgende Herangehensweise, um einen Spieler beziehungsweise sich selbst in seiner Bewegung zu **verbessern**, ergibt Sinn.

A) Das Gesamtbild betrachten

Beim Tennis geht es um Beobachten, und zwar nicht nur den Gegner und das Ergebnis, sondern auch sich selbst. Es geht darum, sein Handeln zu reflektieren.

Es wird darauf geachtet, ob eine Regelmäßigkeit zu erkennen ist, d. h. ein immer gleicher Ablauf von Bewegungen oder Aktionen. So wie zum Beispiel auch konstante Bewegungen in den wichtigen Phasen, wie die Vorbereitung auf den Schlag und das Treffen des Balles in unterschiedlichen Situationen.

B) Bewährte Stichpunkte im Kopf durchgehen

Sie helfen auch in schwierigen Situationen, wieder die passende Bewegung zu finden.

1. Konstante bzw. stabile Körperachse (wenig Rotation und Schleudern der Arme)

Man stellt sich die Frage, ob der Körper bei der Schlagaktion stabil steht. Dies bedeutet, dass die Beine und der Oberkörper im Einklang sind, während der Arm schwingt, und nicht zur Seite fallen oder es einen starken Belastungswechsel der Beine gibt. Auch die Arme dürfen bei einer stabilen Position im Schlag nicht durch drehende oder schleudernde Bewegungen den Körper ausbalancieren, damit er im Gleichgewicht steht.

2. Konstanter Treffpunkt vor der Hüfte

Ist bei jedem Schlag der Treffpunkt vor Hüfte? Beim Tennis versucht man neben der Körperachse, aber vor der Höhe der Hüfte den Schlag auszuführen. Die Reihenfolge zum Ball sollte immer zuerst der Schläger, dann der Ellenbogen und dann der Körper sein. Mit dieser Reihenfolge erkennt man sofort, ob der Treffpunkt passt. Auch kann man anhand des Blickes zum Ball während des Schlages überprüfen, ob der Treffpunkt passt. Schaut man schräg nach vorne, ist der Treffpunkt ideal. Schaut man während des Treffens des Balles auf den Schläger neben seinen Körper, ist der Treffpunkt zu weit hinten.

3. Zusammenspiel von linkem und rechtem Arm

Das Zusammenspiel von linkem und rechtem Arm ist ausschlaggebend dafür, ob die Bewegung im Einklang ist und ob es sich um eine natürliche oder eine verkrampfte Bewegung handelt. Beide Arme sollten offensichtlich die Drehung des Körpers unterstützen und nicht gegenarbeiten oder zu stark ausgleichen. Je „weicher" die Bewegung aussieht, desto natürlicher ist der Einsatz der Arme beim Schlag. Im Beispiel zur Vorhand wäre es wie folgt: Die Hand, die nicht bei der Vorhand am Schläger ist, sollte immer den Bewegungen des Schlägers folgen können, ohne dagegenzusteuern. Auch sollte es möglich sein, den Schläger während der Schwungbewegung aufzufangen. Vermeiden sollte man das Überkreuzen der beiden Arme nach dem Schlag, da dann offensichtlich ist, dass die Arme die Rotation des Körpers blockieren.

4. Fußstellung und Richtung der Fußspitzen

Hier wird überprüft, ob die Körperbewegung in Richtung Ball geht. Eingeleitet wird dies immer durch einen Schritt, der dem Körper die Stabilität für den Schlag gibt. Die passende Fußstellung sowie die Schrittkombinationen optimieren den Schlag. (Siehe Seite 39.)

5. Gleichgewicht beim Schlag aus dem Stand

Wie verhält sich der Schlag aus dem Stand? Dies gibt Aufschluss darüber, ob man das Gleichgewicht halten kann und damit der Ablauf der Schlagbewegung optimal zum Ball gerichtet ist. Es wird sofort offensichtlich, ob eine Gegenbewegung versucht, das Gleichgewicht zu halten, oder ob der Schlag mit einem hohen oder niedrigen Kraftaufwand betrieben wird. Angesetzt wird an diesen Abweichungen, um die Reihenfolge der Bewegungen für den Schlag zu verbessern, damit der Ablauf wieder optimiert zum Ball ohne Kraftaufwand möglich ist.

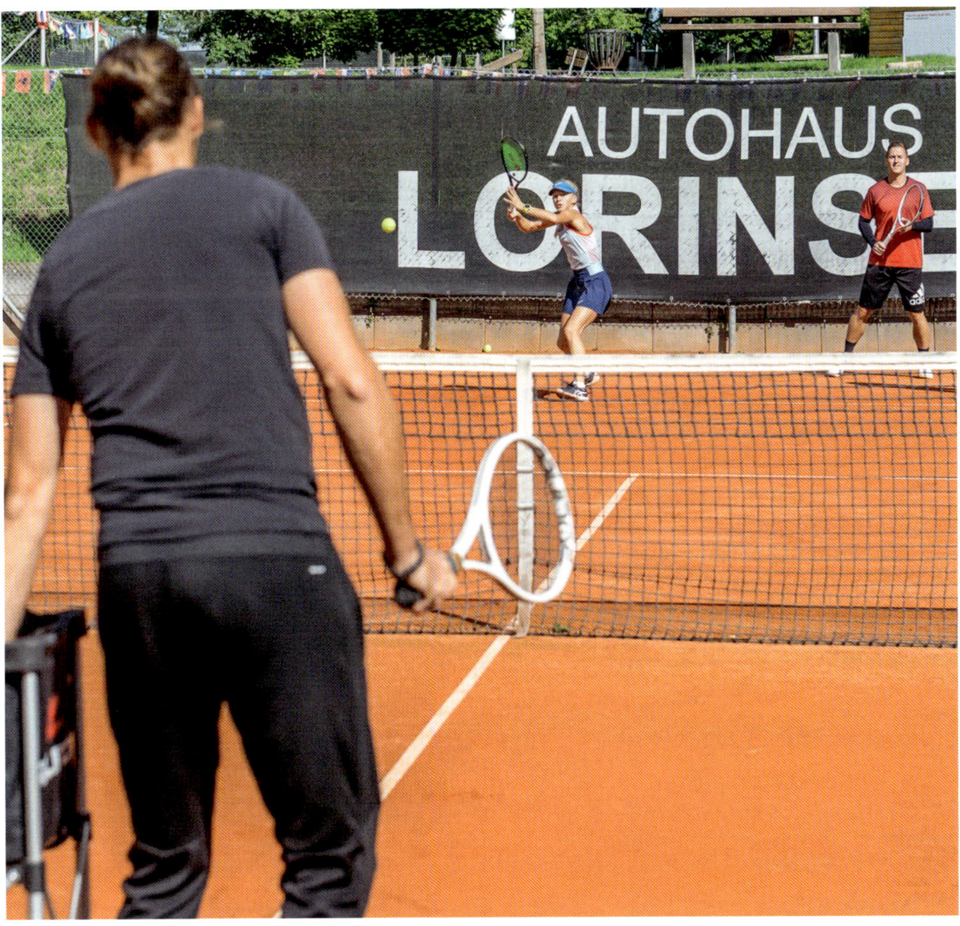

6. Gleichgewicht in der Bewegung vor und nach dem Schlag

Beobachte das Gleichgewicht während des Schlages. Durch das Anlaufen des Balles muss auch das Einschätzen für den Abstand zum Ball für den Schlag berücksichtigt werden. Steht man nicht optimal zum Ball, kommt es häufig zu einem Ungleichgewicht des Körpers, sprich, man „fällt“ während der Schlagbewegung vom Ball weg. Es wird überprüft, ob das rechtzeitige Abbremsen des Körpers vor dem Schlag sowie das passende Abfangen des Körpergewichtes nach dem Schlag stimmen. Kommt es hier zu einem Ungleichgewicht oder unnötigen Schritten wie Ausweichschritten, ist die Schlagbewegung zum Ball beeinträchtigt.

7. Ablauf der Vorbereitung auf den Schlag

Wann und wie wird sich auf den Schlag vorbereitet? In welcher Position stehen die Füße und ab welchem Zeitpunkt wird die Schlagbewegung eingeleitet? Ist diese nicht in der passenden Reihenfolge vor dem Schlag, ist die optimale Schlagbewegung beeinträchtigt und es kommt zum Improvisieren der Bewegung. Der Ablauf der Vorbereitung beginnt meist mit dem Laufweg. (Siehe Seite 37 – Der Laufweg.)

8. Richtung der Bewegung des Körpers nach dem Schlag

In welche Richtung geht die Körperbewegung nach dem Schlag? Dies ist aussagekräftig dafür, ob es sich um Schläge handelt, bei denen der Spieler vermehrt improvisiert und in der Defensive spielt, oder ob der Spieler sein Körpergewicht aktiv für den Schlag einsetzen kann. Die Bewegung mit dem Körper zum Ball hin ist immer die angestrebte Bewegung, da somit der Schläger auf der Schlaglinie (siehe Seite 32 – Schlaglinie) unterstützt wird.

Erst in unterschiedlichen Situationen lässt sich erkennen, ob alles zusammenpasst. Kommen mehr Anforderungen außer dem Schlag aus dem Stand auf den Spieler zu, verändert sich oft das Gesamtbild. Man darf sich also nicht von einzelnen Situationen täuschen lassen, beispielsweise wiederholte Schläge aus dem Stand, sondern muss hier ganzheitlich – und somit verschiedene Situationen (mehrfach) – betrachten.

Grundsätzlich versuche ich, wie beim „Erlernen“ eine gedankliche Schablone der optimalen Bewegung auf den Spieler zu legen und dann zu schauen, welche Bewegungen davon abweichen.

Nicht zu vergessen ist, dass jeder Spieler auf Grund der körperlichen Voraussetzungen auch andere Hebel, Reichweiten, Bewegungen und Griffhaltungen hat. Die bewährten

Stichpunkte, wie z. B. der Treffpunkt, sollten allerdings immer stimmen.

Diese Art der (Bewegungs-)Analyse kann bereits beim ersten Einspielen erfolgen. Auch im Hinblick auf Kindertennis im Kleinfeld ist dies möglich, denn es geht um die Kontrolle der Bewegungen, also um Körperbeherrschung. Wenn ein Spieler, egal welchen Alters, seine Bewegungen kontrollieren kann, sprich „beherrscht", dann ist er auch in der Lage, bestimmte bzw. vorgegebene Bewegungen auszuüben, um den Ball zu kontrollieren.

Die Vorgehensweise mit der „Schablone" ist altersunabhängig.

Wenn man weiß, wie die Bewegung aussehen soll, kann man beginnen, die Bewegung zu trainieren.

Eine Bewegung lässt sich gut anhand eines **Zeitstrahls** definieren. Wie bei jeder Aktion gibt es einen Anfang und ein Ende der Bewegung. Auf dieser Linie findet alles statt, was wir beeinflussen können.

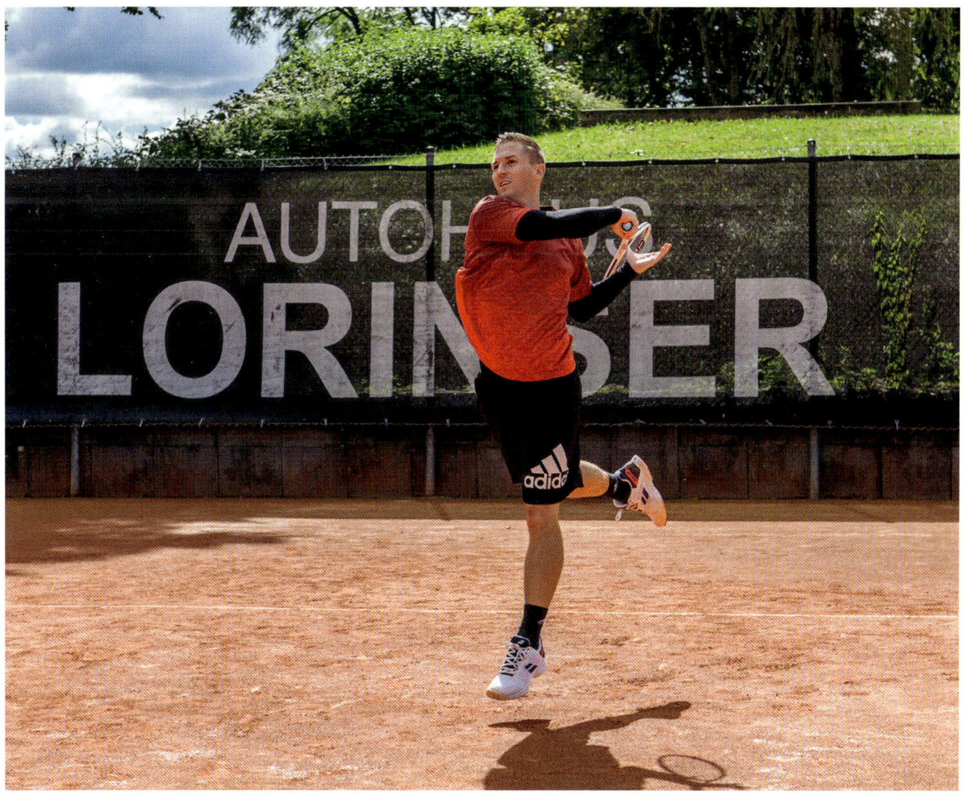

Der Zeitstrahl

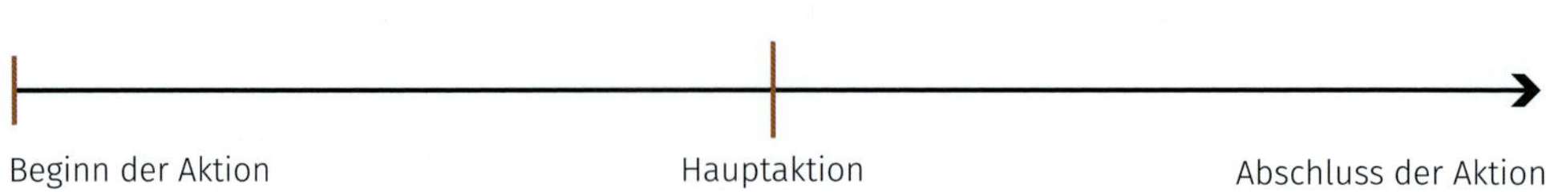

Der Einfachheit halber kann man das Ganze in drei Schritte einteilen:

Anfang – Mitte – Ende

Durch diese Vereinfachung des Ablaufes erkennt man, an welcher Stelle der Spielraum für individuelle Bewegungsmuster entsteht – z. B. im vorderen Teil oder im hinteren Teil der Gesamtbewegung. Je bewusster die einzelnen Schritte dazwischen angesprochen werden, desto mehr kann man sich im Detail verbessern.

Ein koordinativ gut ausgebildeter Spieler hat je nach Spielsituation viele Möglichkeiten und viel Spielraum auf diesem Zeitstrahl.

Hat der Spieler für seinen Schlag **Zeit**, kann die Bewegung ihr **Maximum an Möglichkeiten** erreichen. Steht **weniger Zeit** zur Verfügung, wird der Zeitstrahl verkürzt und es bleiben nicht so viele **Möglichkeiten für zusätzliche Bewegungen** vor und nach der Hauptaktion.

Handelt es sich um eine **zeitlich sehr kritische Situation**, ist **kein Spielraum** zwischen den drei Hauptpunkten mehr vorhanden und der Zeitstrahl wird auf das **Minimum an Möglichkeiten** reduziert.

Erinnern wir uns an das Erlernen eines Schlages oder an einen Spieler mit wenig Koordinationsfähigkeit.

Wie bei allem sollte leicht und klein begonnen werden, und dann darf es schwieriger und komplexer werden. Es wird viel zu oft erwartet, gleich zu Beginn ergebnisorientiert und in großen Bewegungen zu denken und eine große Bewegung auszuführen. Für Anfänger ist es hilfreich, mit einem kleinen Zeitstrahl zu beginnen.

Verbessern mit dem Zeitstrahl

Tennis besteht aus drei verschiedenen Ebenen und somit aus drei verschiedenen Zeitstrahlen, an denen man bewusst ansetzen kann.

Für das bewegungsorientierte Training muss man also wissen, auf welchem Zeitstrahl man arbeiten möchte.

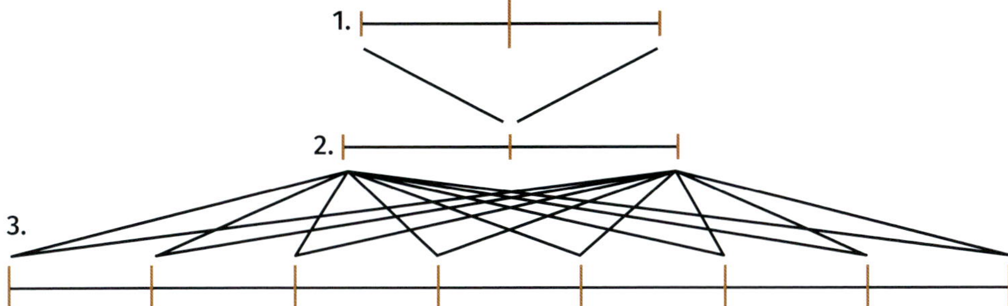

1. Ist es der **Schlag**, dann ist ein Training aus dem Stand erforderlich – entweder angeworfen oder zugespielt. Es wird nicht aus dem Lauf trainiert, und der Fokus liegt lediglich auf dem Arm und der Körperstabilität.

2. Ist es der **Laufweg** mit Schlag, dann sucht man eine Situation und lässt den Spieler durch Anwerfen oder Anspielen – bei geübten Spielern auch aus dem Ballwechsel – genau den einen Weg mit Schlag trainieren.

3. Ist es eine **Situation**, gehen wir schon fast aus dem Erlernen der Technik heraus. Hier lassen sich vorab definierte Laufwege zum Automatisieren durch Anspiel oder Ballwechsel trainieren.

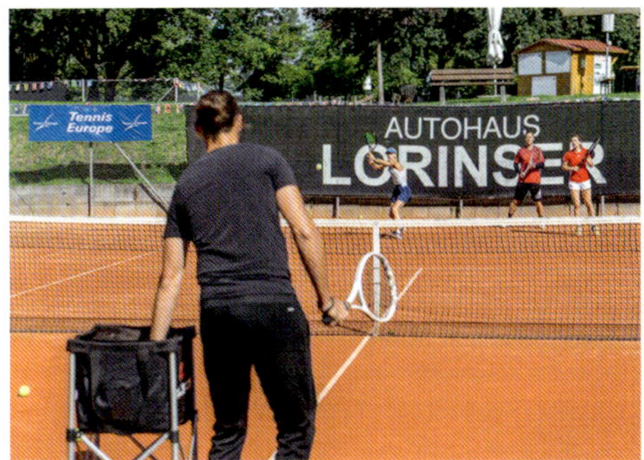

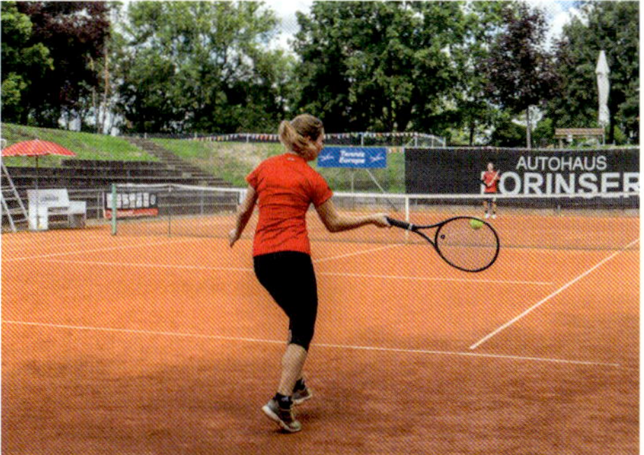

Zeitstrahl 1: Der Schlag

Bevor der erste Ball übers Netz fliegt, starten wir mit dem Zeitstrahl für den Schlag. Ohne einen passenden Schlag kann man dem Ball keine Richtung und Flugkurve verleihen.

Mit diesem Wissen kannst du deinen Schlag verbessern:

Zeitstrahl – Dreier-Regel – Schlaglinie

Wir beginnen mit der Ausgangsposition. Diese ist optimalerweise eine mindestens hüftbreite Fußstellung, der Schläger wird dabei mittig vor dem Körper gehalten. Anschließend laufen alle Aktionen der Beine und Arme in einer bestimmten Reihenfolge ab, um einen optimalen Schlag auszuüben. Das Ende der Bewegung ist meist der Ausschwung oder die erneute neutrale Position. Die „Mitte" unserer Aktion ist der Treffpunkt.

- Nr. 1: Ausgangsposition oder Ausholbewegung
- Nr. 2: Treffen des Balles
- Nr. 3: Weiterschwingen bzw. Hochschwingen

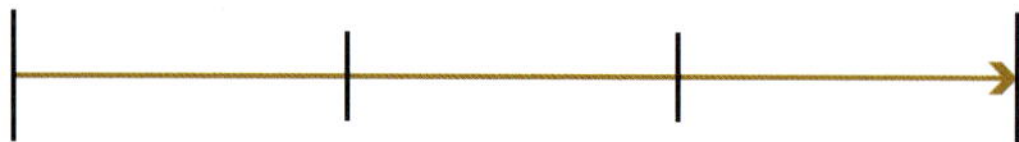

Anfänger und auch Kinder nutzen zum Erlernen einen möglichst kleinen Zeitstrahl mit wenigen Unterteilungen.

Je ausgeprägter die Koordination ist, desto größer kann der Zeitstrahl werden und desto mehr Unterteilungen sind möglich.

Eine Verbesserung in der Bewegung wird erst möglich, wenn man bewusst die einzelnen Schritte, die auf der Zeitskala passieren, ansprechen und kontrollieren kann.

Das kann sehr schnell gehen. Nur sollte man immer wieder wissen, wie man beim Lernen begonnen hat. Manchmal muss man an diesen Anfang zurückkehren, um sich auf die Kernpunkte zu konzentrieren. Je geübter man ist, desto mehr ist auf dem Zeitstrahl möglich.

Wie schon auf Seite 26 „Der Zeitstrahl" beschrieben, wird die Länge des Zeitstrahls an die jeweilige Situation angepasst. Dadurch wird die Bewegung auf die „ideale" Schlagbewegung in dieser speziellen Situation reduziert.

Schlag – Dreier-Faustregel

Möchte man seinen Schlag verbessern, dann hilft auf jeden Fall die so genannte Dreier-Regel.

Demnach funktioniert Tennis ähnlich wie Werfen. Der Schläger ist dabei die Verlängerung der Hand (Handfläche). So sind die folgenden Punkte auch nichts Neues, sondern werden lediglich oft vergessen.

Das muss man sich immer wieder bewusst machen. Denkt also daran: Wie würdet ihr aus dieser Situation den Ball über das Netz ans Ziel werfen? Die nächsten Punkte sind beinahe so banal, dass sie schon wieder genial sind, wenn man genau an diesen ansetzt. Jeder Schlag lässt sich sofort damit verbessern.

- **1) Richtung**
- **2) Flugkurve**
- **3) Qualität am Ball**

Zu 1)
Die Richtung beim Tennis wird ganz einfach von der Schlägerfläche gesteuert.

Je länger der Ball mit dem Schläger in eine Richtung geführt wird, desto eher gelangt der Ball in diese Richtung.

Das ist vergleichbar mit dem Bewegungsablauf beim Curling oder Kegeln. Hier unterstützt der Körper wie auf einer Linie die Richtung beim Zielen.

Die Schlagfläche muss im Treffpunkt gerade sein, als würde man den Ball zwischen Schläger und Netz einklemmen.

Zu 2)
Der Arm steuert die Flugkurve.

Hier möchte ich mit einem Vergleich starten. Wie wirft man einen Schneeball? Wie wirft man allgemein?

Bei einem kontrollierten Wurf bewegt sich nur der Arm. Dieser setzt an der Schulter an.

Egal, ob von unten, von der Seite oder von oben. Es ist nur die einzelne Bewegung aus dem Arm.

Alle anderen zusätzlichen Bewegungen sind nur eine unnötige Einschränkung oder Behinderung des eigentlichen Zieles. Ich habe noch nie einen Spieler beobachtet und gesagt: „Der hat aber eine schnelle Schulter ...“ Nein, sondern: „Der hat aber einen schnellen Armzug.“

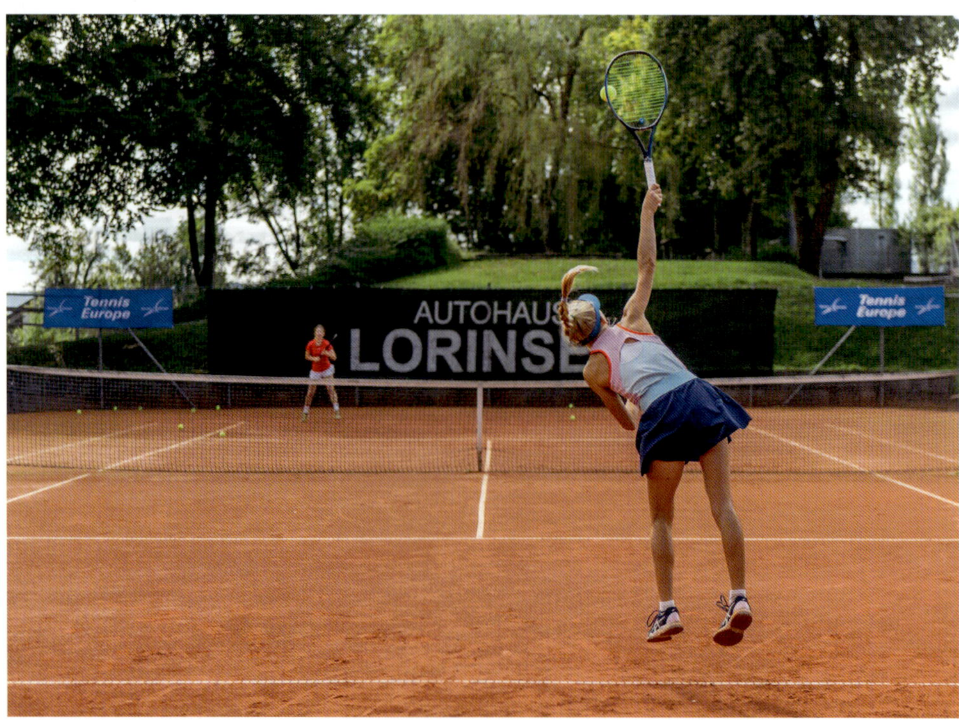

Es wird also über den Arm definiert, ob der Ball mit einer hohen oder flachen Flugkurve fliegt. Ob der Ball schnell oder langsam fliegt. All diese Faktoren gehen vom Arm aus.

Eine Flugkurve wird durch die natürliche Anziehungskraft der Erde beeinflusst. Das hilft beim Verständnis, wie die Flugkurve aussehen soll.

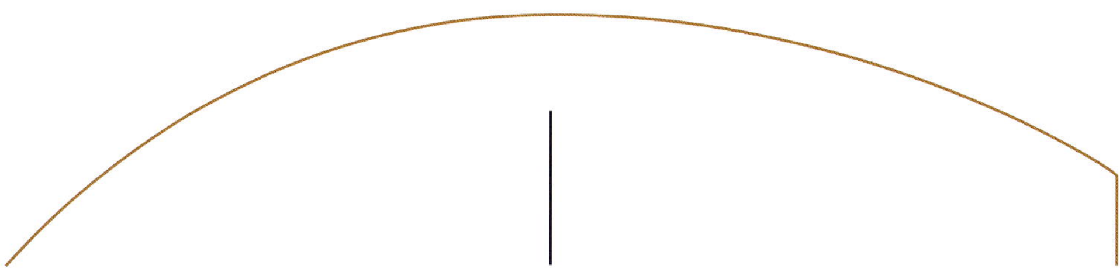

Die Flugkurve eines Balles, geschlagen von Grundlinie zu Grundlinie.

Zu 3)
Mit Qualität am Ball ist die Rotation (Spin) des Balles gemeint. Diese definiert, ob der Ball segelt, wie es beim Slice der Fall ist (Slice = Ballrotation mit Rückwärtsdrall, auch Unterschnitt genannt), oder ob der Ball fällt, wie es beim Topspin der Fall ist (Topspin = Ballrotation mit Vorwärtsdrall).

Handelt es sich um einen Ball, bei dem es möglich ist, eine große Bewegung in seinen Schlag einzubauen, wie beispielsweise ein langsamer Ball oder ein Aufschlag, dann kann die Rotation aus dem Heben oder Senken (Nach-oben-Führen oder Nach-unten-Führen) des Unterarmes ausgeführt werden.

Ist beim Schlag keine große Bewegung möglich und der Zeitstrahl des Schlages ist kurz, da der Ball schnell auf einen zukommt, nutzt man nur die Drehung des Unterarmes. Beim Vorhand-Topspin zeigt die Handfläche nach unten, beim Vorhand-Slice (oder auch Volley) öffnet man den Unterarm und zeigt mit der Handfläche nach oben. Umgekehrt ist es bei der Rückhand. Hier zeigt beim Topspin die Handfläche nach unten und beim Slice nach dem Schlag nach oben.

Schlag – Die Schlaglinie

Alle drei Punkte der Dreier-Faustregel finden auf der Schlaglinie statt. Diese Schlaglinie zeigt, warum wir uns für einen effizienten und gut ausgeführten Schlag optimal zum Ball positionieren müssen.

Egal, ob es sich um einen Schlag mit einer offenen Schlagstellung handelt oder um einen Schlag mit einer geschlossenen Schlagstellung. Damit sind die Position der Hüfte und die Fußstellung gemeint. Siehe hierzu auch Seite 39 „Schrittkombinationen".

Je schneller man mit seinem Schläger auf die Schlaglinie kommt, desto einfacher werden die Schläge.

Der Körper hat die Aufgabe, bei einem Schlag aus dem Arm das Gleichgewicht zu halten und weitere Aktionen, die zum Ungleichgewicht führen könnten, auszugleichen.

Häufiges Fehlerbild:
Hat man eine starke Rotation in seiner Bewegung, weil man beispielsweise wie ein Diskuswerfer ausholt, wird der Körper sich weiterdrehen nach dem Schlag und nicht auf der Schlaglinie bleiben.

An der Krümmung der Flugkurve erkennt man sofort, in welche Richtung dann der Ball fliegt.

Schlägt man den Ball zu weit hinter dem Körper, sprich zu spät, geht der Ball auf die Seite. Bei einem Rechtshänder mit dem Vorhandschlag also nach rechts. Schlägt man den Ball zu weit vor dem Körper, sprich, man trifft den Ball zu früh, dann fliegt der Ball bei einem Rechtshänder mit dem Vorhandschlag nach links. Hier reichen schon wenige Zentimeter aus, um das Ziel um mehrere Meter zu verfehlen.

Dies ist im Allgemeinen ein häufiges Fehlerbild bei Spielern mit einer großen Ausholbewegung. Die Schlaglinie ist durch die Drehung sehr klein. Es kommt neben der Ungenauigkeit auch oft zu Rahmentreffern. Gerade dann, wenn wenig Zeit für die Bewegung vorhanden ist.

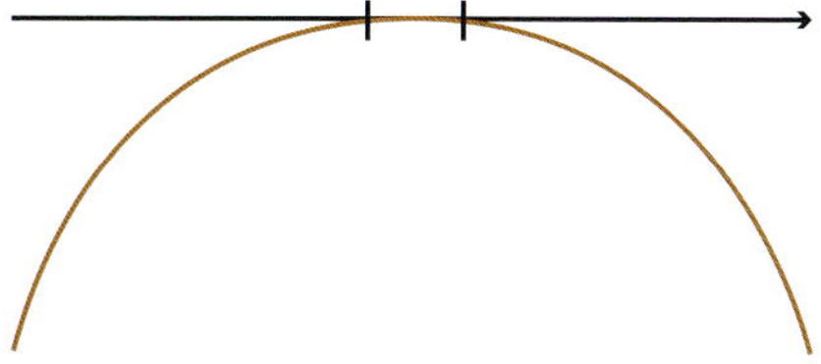

schwarze Linie: Schlaglinie,
orange Linie: Schlaglinie Spieler mit Rotation

Das Gleiche gilt auch beispielsweise für Schläge wie den Aufschlag. Startet man mit dem Schläger nach rechts zeigend, wird der Schläger nach dem Schlag nach links zeigen. Der Körper versucht immer auszugleichen. Reichen die Arme nicht mehr aus, so müssen sich die Hüfte und das Bein mitdrehen, um das Gleichgewicht zu halten. Man verliert den Schläger aus der Schlaglinie.

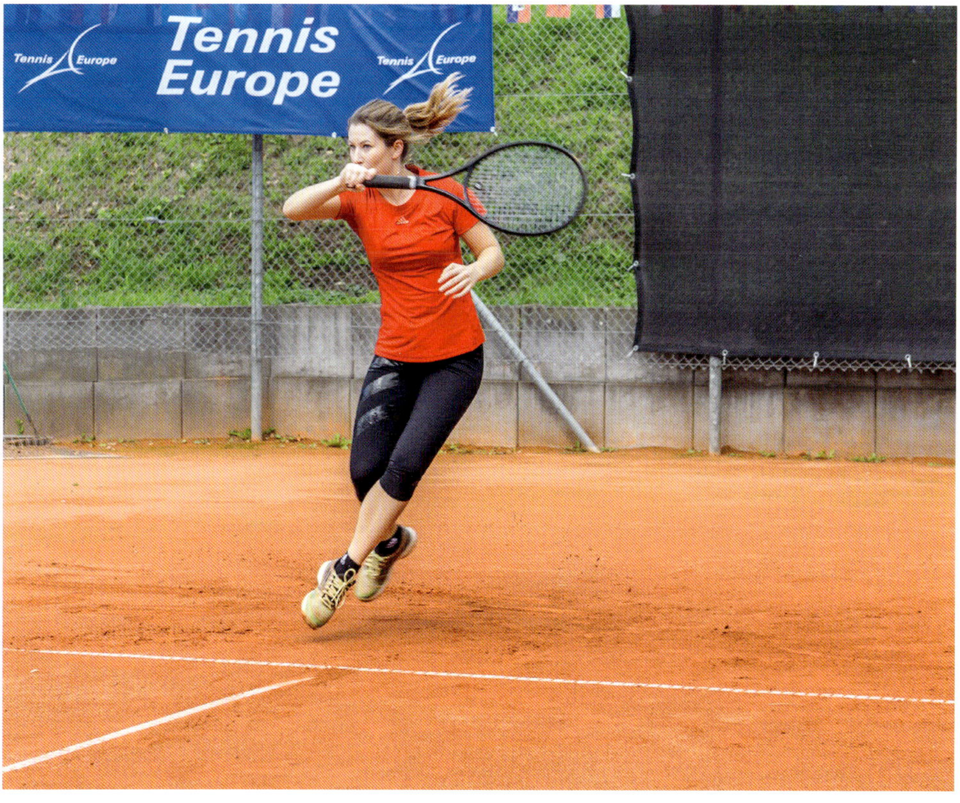

Das gilt nicht nur für die Rotation beim Aufschlag, sondern auch für die Höhe der Linie.

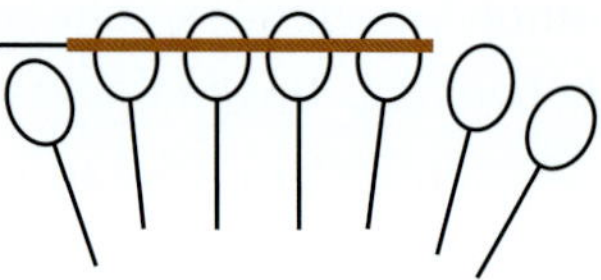

schwarze Linie: Schlaglinie
orange Linie: optimale Schlaglinie, auf der die Schlägerfläche möglichst lang begleitet werden sollte

Je länger man mit der Fläche auf der Schlaglinie bleibt, desto besser ist die Bewegung für Richtung und Druck im Ball. Häufiger Fehler beim Aufschlag und Schmetterball ist das zu frühe Wegziehen des Schlägers nach unten aus der Schlaglinie. Das führt nicht nur zu Rahmentreffern am Schläger, sondern auch zu einer Abnahme der Qualität und Geschwindigkeit.

Je idealer der Körper zur Schlaglinie steht, desto einfacher und genauer lässt sich der Schlag in die entsprechende Richtung ausführen, somit fallen auch die Gegenbewegungen weg.

Augen zu und durch ...
Schließt man die Augen, dann spürt man genau, ob man sich auf der Schlaglinie befindet. Dies sollte man auch bei seinem Schlag nutzen. Nicht unbedingt das Augenschließen, aber das Nach-vorne-Führen auf der imaginären Linie.

Mein Tipp: Spiele so, als würde die Schlägerfläche den ersten halben Meter der Flugkurve begleiten.

Ein kurzer Hinweis noch zur Flugkurve beim Aufschlag: Die Bewegung sollte beim Aufschlag immer von unten nach oben verlaufen.

Würde man einen Aufschlag direkt von oben nach unten schlagen, d. h., die Schlaglinie wäre keine Kurve, dann müsste der Treffpunkt des Balles auf über drei Meter liegen, um direkt die Aufschlaglinie zu treffen.

Schlag – Eine-Minute-Training

Verdeutlicht werden kann der Zeitstrahl durch eine Übung mit sogenanntem „Schattentennis". Es wird also nur so getan, als würde man den Ball schlagen. Diese Übung ist für jeden Schlag möglich.

Vorgehensweise:
Ein Schlag wird eine Minute lang in einer Zeitlupenbewegung ausgeführt.

Damit kann man jeden Schritt auf dem Zeitstrahl simulieren. Es wird einem schnell bewusst, wie wichtig die richtige Reihenfolge der Bewegungen ist. Eine Minute ist für eine Schlagbewegung eine lange Zeit.

Versucht, euch dabei zu beobachten und den Ablauf mit eurer Wunschbewegung abzugleichen.

Häufige Frage zum Thema Schlag:
Wie finde ich den richtigen Treffpunkt, und warum ist es sinnvoll, diesen aus dem Stand zu trainieren?

Anhand eines Beispiels kann leicht erklärt werden, wie man den richtigen Treffpunkt findet und diesen auch für zukünftige Schläge abspeichert.

Man legt den Ball auf den Netzpfosten, um den Punkt zu simulieren, wo man den Schlag ausführen möchte. Dann geht man mit großen Schritten zum Ball und versucht, den Schlag mit dem Schläger anzudeuten. Man bleibt am Treffpunkt stehen. Ist man zu weit weg, weil man zu früh gestoppt hat oder der Abstand auf Grund der Armlänge usw. nicht passt, speichert man: zu weit weg. Man wiederholt den Vorgang und speichert zum Beispiel: zu nah dran. Man kreist das optimale Ergebnis also durch ein „Einjustieren" ein, bis man weiß, was man beim nächsten Mal anders machen soll. Irgendwann hat man das passende Ergebnis. Das dient natürlich nur zur Veranschaulichung und ist einfach, weil der Ball in Ruhe ist und man kein Zeitproblem hat. Stellen wir uns aber mal das Ganze unter Zeitdruck und in Bewegung vor, und vor allem auch bei einem unterschiedlichen Absprung und einer unterschiedlichen Flugkurve des Balles.

Daher kann man das Erkennen des Abstands am besten trainieren, wenn man den Ball zugeworfen bekommt. Hier ist es möglich, den Ball ohne Zeitproblem und unerwartete Situationen zu spielen.

Im Stehen ist es einfacher, das Ergebnis mit der Bewegung abzugleichen, da keine weiteren Fähigkeiten wie Gleichgewicht oder Orientierung erforderlich sind.

Wenn sich der Körper während des Schlages weiterbewegt, um den perfekten Abstand zu bekommen, wie es beispielsweise bei einem Ballwechsel der Fall sein kann, kommen weitere Bewegungen des Körpers hinzu, die wir speichern. Oft sind es hier auch Ausweichbewegungen des Körpers für den passenden Abstand.

Dann werden einfach gesagt aus ursprünglich einer Armbewegung zum Beispiel zehn weitere Bewegungen, die wir mit aufnehmen und speichern. Eben nicht nur der Arm, sondern auch die Beine, der Oberkörper usw., die alle passend agieren müssen.

Im Grunde ist es einfache Mathematik:
Man braucht für eine Situation und deren Verbesserung zum Abspeichern nun nicht nur eine Bewegung, sondern zehn Bewegungen mehr. Macht bei 100 verschiedenen Situationen 1.000 Bewegungen mehr, die es zu speichern gilt.

Gehen wir davon aus, dass man mindestens 100-mal den gleichen Schlag machen müsste, um abzuspeichern, sind wir bei einem Schlag in der Bewegung, also bei 100 Schlägen x 1.000 Zusatzbewegungen = 100.000 Schläge, um den optimalen Treffpunkt zu finden im Vergleich zu normalerweise 1.000 Schlägen.

Dies bedeutet: Je mehr wir es schaffen, beim Schlag stehen zu bleiben, desto eher verbessern wir den Treffpunkt in der Situation.

Zeitstrahl 2: Der Laufweg

Bei einer Rückschlagsportart muss man sich gut zum ankommenden Ball bewegen und im Anschluss auch wieder in die nächste Position kommen. Die Ausgangsposition sollte immer so gewählt werden, dass man das Gefühl hat, von dort aus jeden Ball erreichen zu können.

Eine passende Bewegung kann entweder zum Ball hin oder vom Ball weg gehen. Immer im Hinblick darauf, möglichst im Gleichgewicht zu bleiben und den richtigen Abstand und Platz zu haben, um die Schlagbewegung auszuführen.

Im Spiel wird fast jeder Schlag aus dem Laufen heraus gespielt, daher ist das Lernen der richtigen Laufbewegung genauso wichtig wie der Schlag selbst. Verbessertes Laufen erleichtert das „Abdecken" des gesamten Feldes und erhöht die Wahrscheinlichkeit, sich gut zum Ball zu positionieren, um dann optimal schlagen zu können.

Im Folgenden bezieht sich also der Zeitstrahl nun auf den Laufweg.

- Nr. 1 Ausgangsposition
- Nr. 2 Schlag
- Nr. 3 optimale Position für den nächsten Schlag

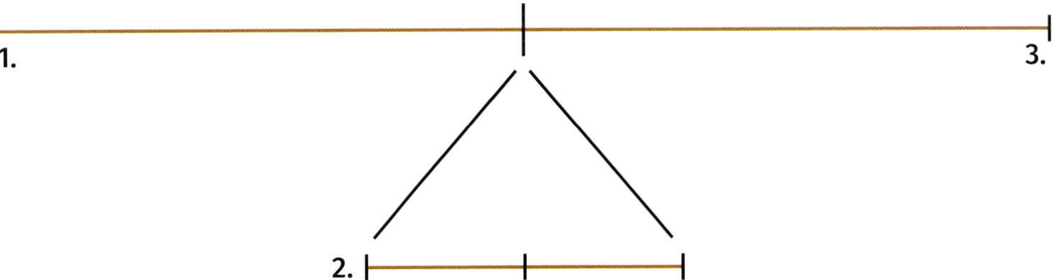

Wir beschäftigen uns gerade mit dem Erlernen und Speichern von optimalen Bewegungsabläufen fürs Tennis. Daher ist es sinnvoll, Schrittmuster zu trainieren, die sowohl natürlich als auch aus der Erfahrung erfolgreich sind.

Je automatisierter die Schrittmuster sind, desto ergonomischer kann man sich auf dem Platz bewegen.

Neben den Schrittmustern gilt es auch, die Positionierungen und Laufrichtungen für die Schläge zu trainieren.

Laufwege – Das V

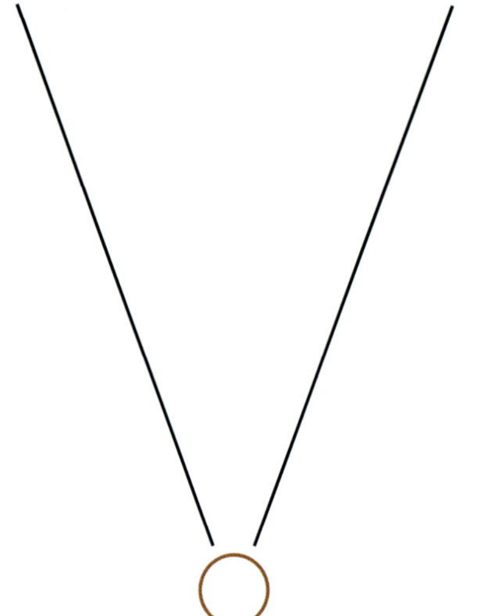

Kreis: Spieler
Linie: Laufrichtung zum Ball

Der Laufweg ist optimalerweise immer orientiert am Buchstaben V.

Je mehr man den Schritt zum Ball setzt, desto einfacher lässt sich der Schlag mit dem Körper unterstützen.

Das V ist die optimale Laufrichtung zum Schlag. Die Schritte sind so auszulegen, dass die Bewegung nach vorne auf dem Schenkel den Schlag unterstützt. Also möglichst keine Bewegung auf die Seite, sondern immer leicht schräg.

Gerade bei Return und Volley ist das V die Basis der passenden Richtung. Aus der Ruhe über den Split Step (leichtes Hochspringen beim Schlag des Gegeners) ins Optimum.

Laufwege – Der Stern

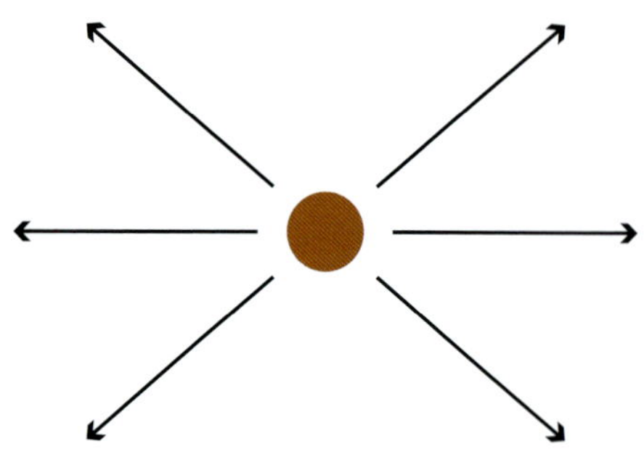

Orange: Spieler
Pfeile oben: Laufrichtung schräg nach vorne, Pfeile seitlich: Laufrichtung zur Seite
Pfeile unten: Laufrichtung nach hinten (für Schläge in der Defensive)

Der Laufweg zu einem Ball ist abhängig von der Position auf dem Platz. Je nach Spielsituation ergeben sich sechs verschiedene Laufwege. Vier von ihnen gilt es optimalerweise anzuwenden. Es sind die Richtungen zur Seite und nach vorne. Dennoch sollten alle Laufwege im Training durchgearbeitet werden.

Laufwege – Schrittkombinationen

Auf Grund der immer wiederkehrenden Situationen haben sich im Laufe der Zeit nützliche Schrittmuster gebildet, um den Schlag und die Fortbewegung zu unterstützen. Der Fokus der Schrittkombinationen liegt darauf, den Körper so zu positionieren, dass der Schläger sich auf der Schlaglinie befindet und man sich im Anschluss schnell und ergonomisch vom Schlag wegbewegen kann, um in die Ausgangsposition zurückzukommen.

Jede Laufaktion orientiert sich an Basisschritt 1 oder 2. Diese Schritte entscheiden darüber, welches Bein hauptsächlich beim Schlag belastet wird. Von dort aus helfen Kombinationen der Schritte, um wieder in eine optimale Ausgangsposition zu kommen.

Basisschritt 1 ist immer der gegenüberliegende Fuß des Schlagarms, der belastet wird. Bei einem Rechtshänder beim Vorhandschlag also das linke Bein. Hier wird auch von einer geschlossenen Position gesprochen, da die Hüfte seitlich gerichtet ist.
Basisschritt 2 ist immer die Belastung des Beins auf der Seite des Schlagarmes. Bei einem Rechtshänder beim Vorhandschlag also das rechte Bein. Hier wird auch von einer offenen Position gesprochen, da die Hüfte geöffnet mit dem äußeren Bein gestellt ist.

Es handelt sich um eine Richtlinie oder auch die Idealbewegung mit der Voraussetzung, dass der Körper im Gleichgewicht steht.
Zu beachten ist:

Split Step

Oranger Strich zu Beginn: Start der Bewegung.
Schwarze Linie: Zeitskala - Abläufe des Laufweges und der Schlagaktion

Es wird aus einem Split Step mit dem Vorderfuß gestartet.
Das kurze Hochspringen während des Split Steps sorgt nicht nur für ein schnelleres Von-der-Stelle-Kommen durch die Reaktivkraft, sondern aktiviert auch die richtigen Muskeln, um sofort tätig zu werden.

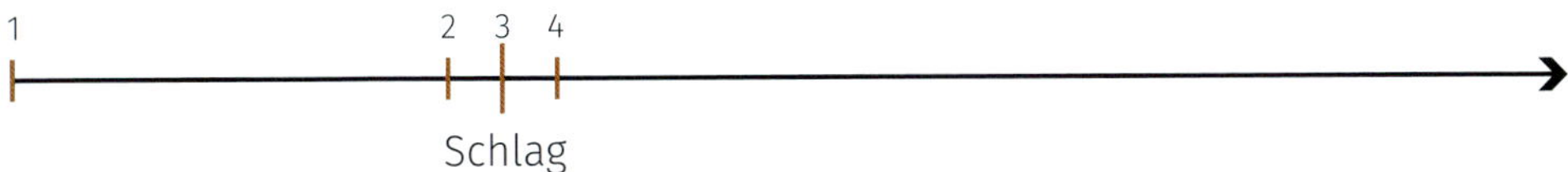

1: Positionierung zum Ball, 2: passende Schrittstellung, 3: Die Schlagaktion
4: Fokus auf die Stabilität und das Gleichgewicht nach dem Schlag

Dann versucht man als Spieler, grundsätzlich in die Nähe des Balles zu kommen. In einem Abstand von circa eineinhalb Metern bremst man ab und positioniert sich.

Im besten Fall kommen die Fußspitzen des Schlagbeines leicht nach vorne. Das richtet die Kraft des Körpers auf natürliche Art zum Ball. Klingt logisch, wird aber häufig falsch gemacht. Das Schlagbein ist das Bein, welches während des Schlages belastet wird. Je nach Situation ist auch das Drehen über dem Knie möglich. Da dies allerdings nicht die natürlichste Bewegung ist, wird es von mir nicht empfohlen. Sowohl der Vorderfuß als auch die Ferse haben ihre Aufgaben. Um seinen Körper schnell von A nach B zu bewegen, sollten die Fußspitzen in die beabsichtigte Richtung zeigen. Dann ist ein schnelles Vorwärtskommen, abgedrückt vom Vorderfuß, immer möglich. Einen Fuß vor den anderen stellen. Ein passendes Bewegungsbeispiel hier ist ein Sprinter.

Für eine höhere Stabilität sorgt ein Abrollen des Fußes über die Ferse. Natürlich lässt sich die Bewegung auch anders stabilisieren, aber mit dem Ansetzen der Ferse wird die große Muskulatur im Bein gespannt. Hier bekommt der Spieler auf dem „Schlagbein“ – oder auch häufig „Säule“ genannt – die Stabilität über die großen Muskeln. Mit diesem Bein ist es nun möglich, über den Oberschenkel und Gesäßmuskel die Bewegung einzudrehen. Das Standbein ist die Konstante im Schlag. Bewegt sich dieses weg, dann bewegt sich auch der Arm während des Schlages weg. Das ist jedoch nur vorteilhaft, wenn die Richtung koordiniert wird.

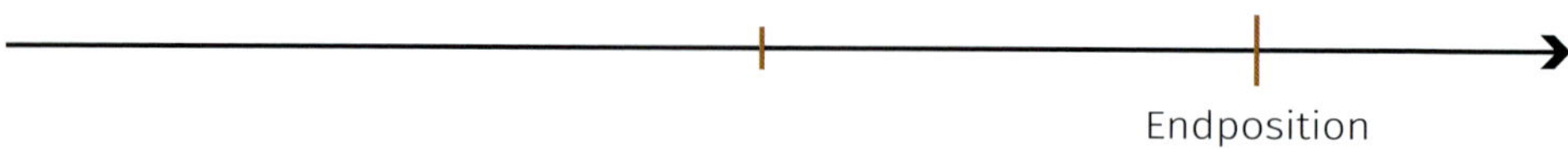

Schwarze Linie: Zeitskala - Abläufe des Laufweges
Kurzer Strich: Orientierung zur Ausgangsposition mit Side Step oder einem Überkreuzschritt
Pfeil: bereit für nächste Aktion

Das Abdrücken findet dann wieder mit dem Vorderfuß statt.
Wie bei einer natürlichen Laufbewegung rollt sich der Fuß von der Ferse ab und landet auf dem Vorderfuß. Wenn der Fuß auf dem Vorderfuß belastet wird, setzt die Wadenmuskulatur ein. Eine eher kleine Muskulatur, die im Vergleich zum Oberschenkel nur wenig Sauerstoff benötigt. Dadurch setzt eine mögliche Ermüdung nicht so schnell ein und sorgt für mehr Spritzigkeit in den Beinen. Benutzt man also den Vorderfuß, kommt man schneller vom Fleck, als wenn man einen großen Ausfallschritt macht und den Oberschenkel einsetzt. Ein häufiger Fehler, der für eine schnelle Ermüdung der Beinmuskulatur sorgt.

Geschlossene Fußstellung (Basisschritt 1)

Warum?

Die klassische Fußstellung ist ein positiver Schritt zum Ball. Also immer ein Schritt dem Ball entgegen. Vergleichbar mit der Bewegung parallel zur Vorhand wäre eine Schrittbewegung wie beim Kegeln und der Schritt parallel zur Bewegung der Rückhand, den man ansetzt, wenn man ein Frisbee wirft. Man möchte damit das Körpergewicht zum Ball bringen, um diesen besser zu führen und mit der aufkommenden Energie des Balles besser umzugehen.

Umsetzung

Der Fuß rollt von der Ferse ab und wird stabil aufgesetzt. Auf diesem Bein wird auch der Schlag ausgeführt. Der Oberkörper lässt sich dennoch dank der Beweglichkeit im Oberschenkel und in der Hüfte gut auf dem Bein drehen. Die Bewegung geht immer zum Ball hin.

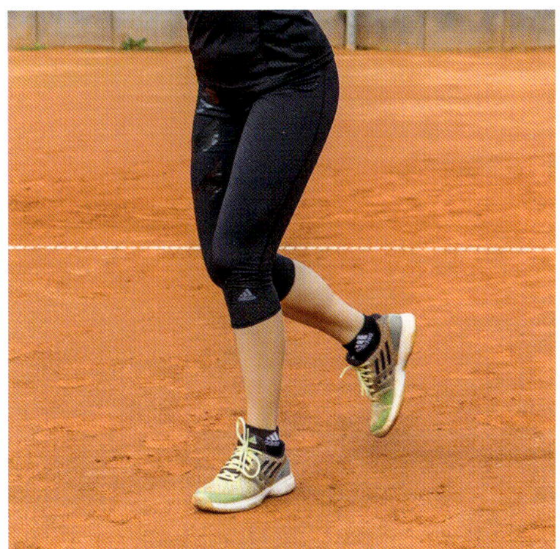

Beispiel 1

Den Fuß zu stellen ist ein Schritt, die erste Schrittkombination hieraus wäre dann der zweite Schritt, der nach dem Schlag zu setzen ist. Das Bein wird vor zum Schlag gestellt. Der Schlag wird ausgeführt und dann das andere Bein hüftbreit angestellt.

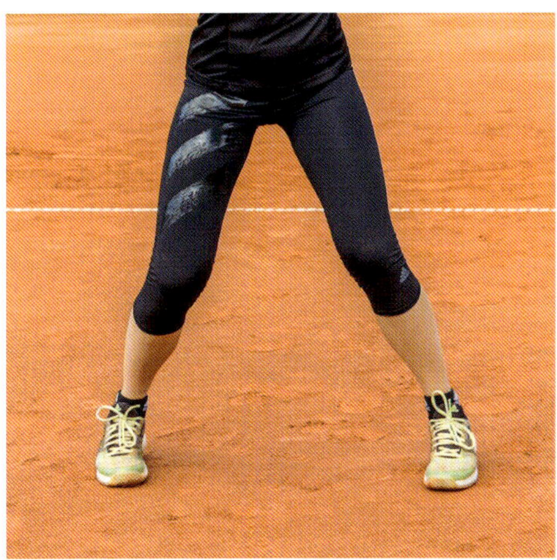

So stehen beide Füße wieder nebeneinander, und man kann sich schnell in die passende Richtung bewegen.

Man sollte darauf achten, dass die Fußspitzen nach vorne zeigen und nicht zur Seite. So vermeidet man das zu starke Drehen der Hüfte und begibt sich mit den Füßen (Vorderfuß) in eine optimale Position, um vorwärts, rückwärts oder in Side Steps zu laufen.

Beispiel 2

Möchte man nach dem Schlag schnell wieder in die Mitte zurück, und der Laufweg ist länger als ein bis zwei Meter. Dann würde man einen überkreuzten Schritt ansetzen.

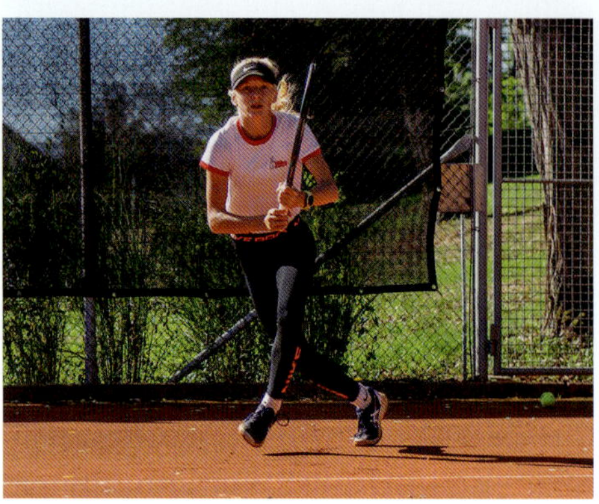

Am besten vor dem Schlagfuß. Damit bleibt das Körpergewicht vorne. Man überkreuzt nur einmal und hat die Fußspitzen nach vorne gerichtet, um auch noch bei einem Richtungswechsel reagieren zu können.

Nach dem Überkreuzen startet man den Sprint oder geht in die Side Steps über.

Beispiel 3

Bei einigen Schlägen kann man ins Feld hineingehen, wie es beispielsweise bei Angriffsschlägen oder auch beim Aufschlag der Fall ist.

Diese Schläge kann man alle auf dem vorderen Fuß spielen mit der Schrittkombination:

- 1. Schlag auf dem Bein, das in geschlossener Fußstellung nach vorne gesetzt wurde,
- 2. danach ein Sprung mit Landung erneut auf diesem Bein.

Also z. B. bei einer Vorhand eines Rechtshänders zweimal auf dem linken Bein.

Nach dem Sprung ist man wieder in der Position von Basisschritt 1 und kann wie in Beispiel 1 den zweiten Fuß setzen. Aus dieser Position ist man bereit für die nächste Aktion mit den Beinen.

Offene Fußstellung (Basischritt 2)

Bälle die schnell, hoch und lang gespielt werden, erwidert man am besten mit der offenen Fußstellung.

Warum?

Zum einen hat man nur wenig Zeit, den Fuß so zu stellen, dass das Bein nach vorne kommt. Zum anderen sorgt man mit dem Schritt auf die Seite und dem Öffnen der Hüfte für eine Stabilität im Oberkörper, die benötigt wird, um auf der Schlaglinie zu bleiben. Der Oberkörper ist schnell positioniert, und man kommt gut hinter und vor allem auch unter den Ball.

Häufig wird die Fußstellung außer bei den Grundschlägen auch beim Returnieren des Aufschlages des Gegners eingesetzt. Durchaus ist sie auch beim Angriffsball eine gute Alternative, um sein komplettes Körpergewicht in den Ball zu legen.

Umsetzung

Der Fuß sollte auch wirklich nach außen gestellt werden, nicht nach vorne. Möchte man den Körper in Richtung des Treffpunktes eindrehen und setzt den Fuß nach vorne, „blockiert" das Knie und es ist nicht möglich, den Oberschenkel und Gesäßmuskel komplett einzusetzen.

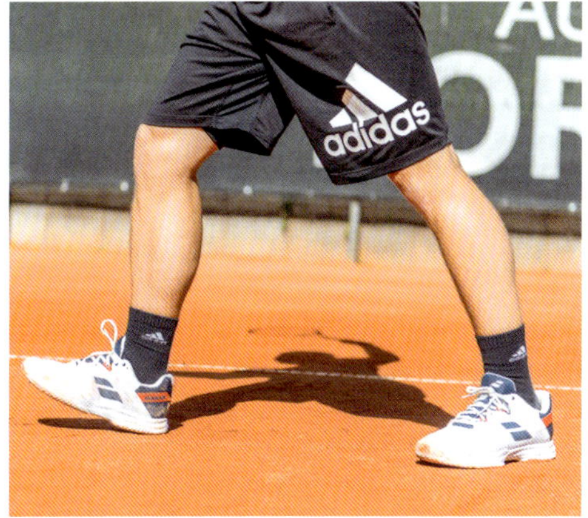

Eine tiefe Position gibt die nötige Stabilität. Nach dem Schlag oder auch währenddessen wird dann der äußere Fuß auf den Vorderfuß bewegt und dort nach vorne gedreht. So landet man nach dem Schlag sofort wieder in der Ausgangsposition der Füße, um die nächste Bewegung wie z. B. Überkreuzschritt oder Side Step einzuleiten, da die Fußspitzen nun nach vorne zeigen.

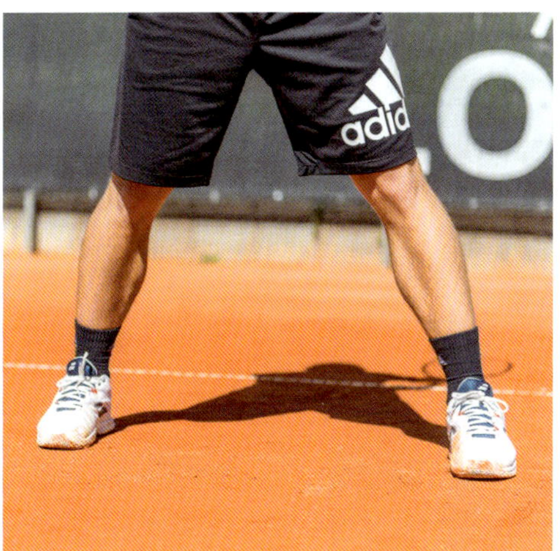

Optimal ist die Bewegung so auszuführen, dass man den Ball aus dem Stand spielen kann.

Beispiel 1

Ist man im Lauf und kann das Körpergewicht nicht punktuell abbremsen, nutzt man die erste Schrittkombination. Diese ist notwendig, um nicht auf dem äußeren Fuß zu überknicken. Zuerst achtet man beim Abbremsen darauf, dass der

Fuß des Schlagbeines in Richtung Treffpunkt nach außen zeigt. Nach dem Schlag löst man den Druck auf dem Bein, den man während des Schlages hat, durch einen Sprung auf. Gelandet wird mit beiden Beinen und mit den Fußspitzen nach vorne.

Beispiel 2

Eine weitere Möglichkeit aus dem Lauf wäre das Überkreuzen des Fußes während des Schlages. Man entscheidet sich hier für eine Schrittbewegung. Das heißt, während man den Schlag auf dem Fuß ausführt, setzt man den anderen Fuß überkreuzt weiter, um das Körpergewicht abzubremsen. Auch hier ist man am Ende in der optimalen Position der Füße, die dann beide in einer hüftbreiten Stellung mit den Fußspitzen nach vorne ausgerichtet sind.

Der Einsatz der Hüfte

Ich sage immer, die Hüfte ist die Verbindung zwischen Boden und Oberkörper. Wird diese optimal beim Schlag eingesetzt, haben wir eine ideale Kraftübertragung auf den Ball und eine Kontrolle, um die Kraft in die richtige Richtung zu lenken.

Zuerst steht die Hüfte immer seitlich.

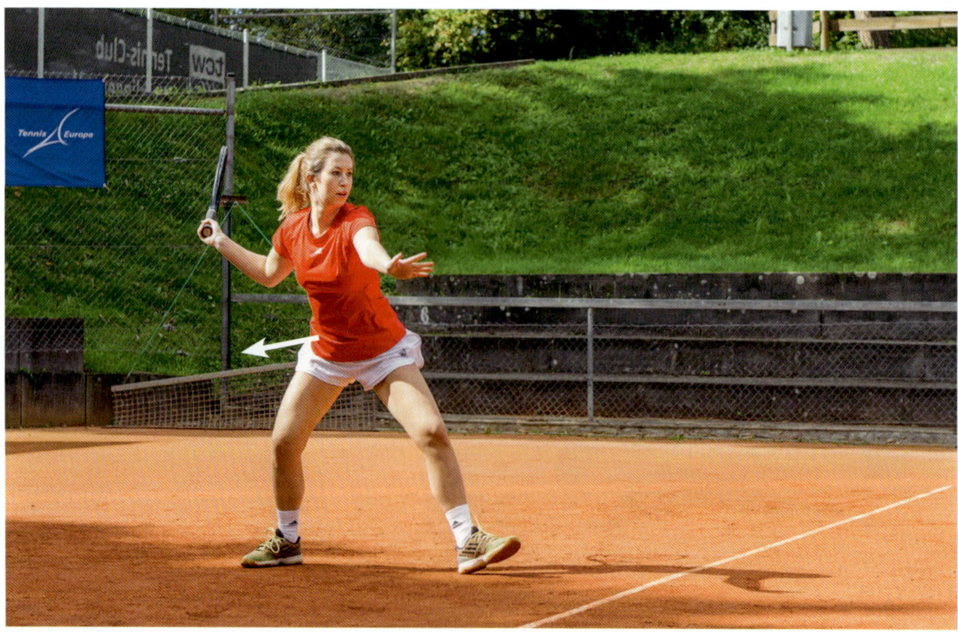

Der Kick der Drehung kommt optimalerweise immer während des Schlages.
Dies leitet die Übertragung der Körperkraft hinter den Ball ein.

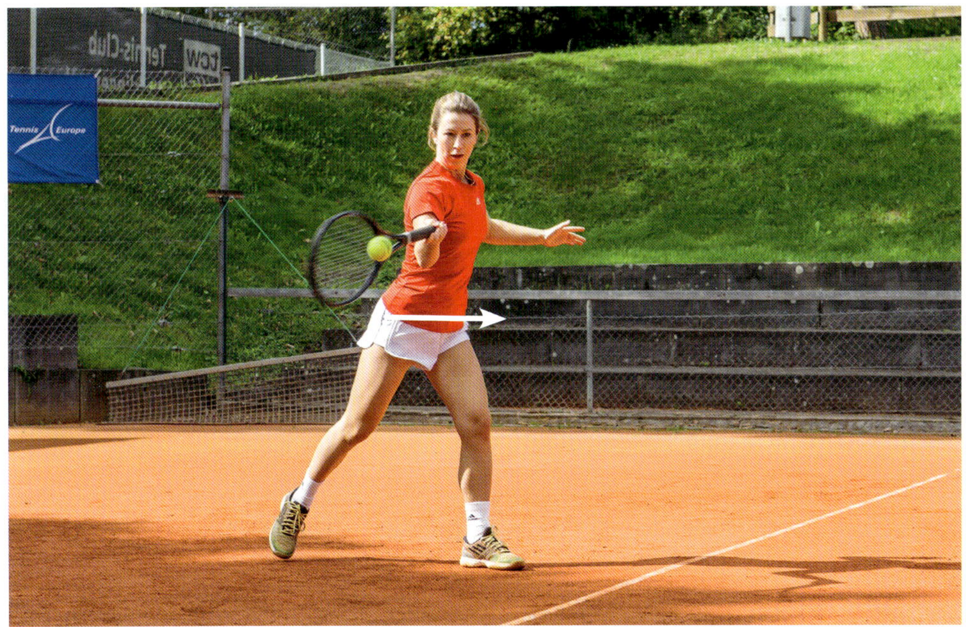

Nach dem Schlag zeigt die Hüfte nach vorne.

Natürlich ist bei sehr athletischen Spielern und auch nach einem Schlag mit einem Sprung die Hüfte oftmals weitergedreht. Ich möchte allerdings mit dieser Übung gerade den Spielern helfen, bei denen das Fehlerbild für unkontrollierte Schläge und Rahmentreffer häufig auftritt. Durch die Verbesserung der zu stark und auch zu früh rotierenden Hüfte lässt sich dies meist beheben.

Zeitstrahl 3: Situation

Der dritte Zeitstrahl bezieht sich auf die jeweilig aneinandergereihten Laufwege, aus denen sich bestimmte Spielsituationen ergeben.

Hier entstehen Übergänge, die ich „Brücken" nenne.
An diesen einzelnen Brücken entscheidet sich immer die darauffolgende Schlagsituation. Der Zeitstrahl der Situationen ist also das eigentliche Tennis-„Spiel".

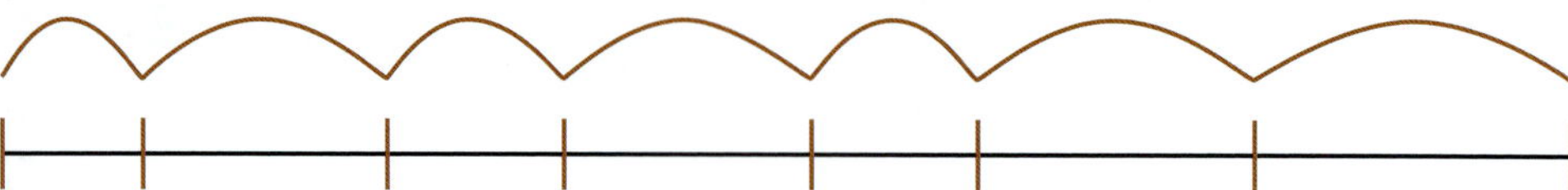

Schwarze Linie: Zeitskala
Orange Linie: Erster Strich - Schlag 1, zweiter Strich - Schlag 2 usw.
Bögen: Übergänge der Schläge in den einzelnen Schlagsituationen

Wieso ist das nun für das Training so wichtig?

Weil diese auftretenden Brücken sich in Form von Spielmustern immer wiederholen. Durch das Erlernen dieser Muster baut man Standardisierungen auf. Je mehr im Training diese standardisierten Muster durchgespielt werden, desto einfacher lassen sie sich dann im Spiel umsetzen.

Ein gutes Beispiel für ein Training mit Spielmustern ist das Training von Aufschlag + 1. Damit ist gemeint, dass der Aufschläger sowohl seinen Aufschlag trainiert als auch den Fokus auf den ersten Ball legt, den er auf den Return des Gegners erwidert.

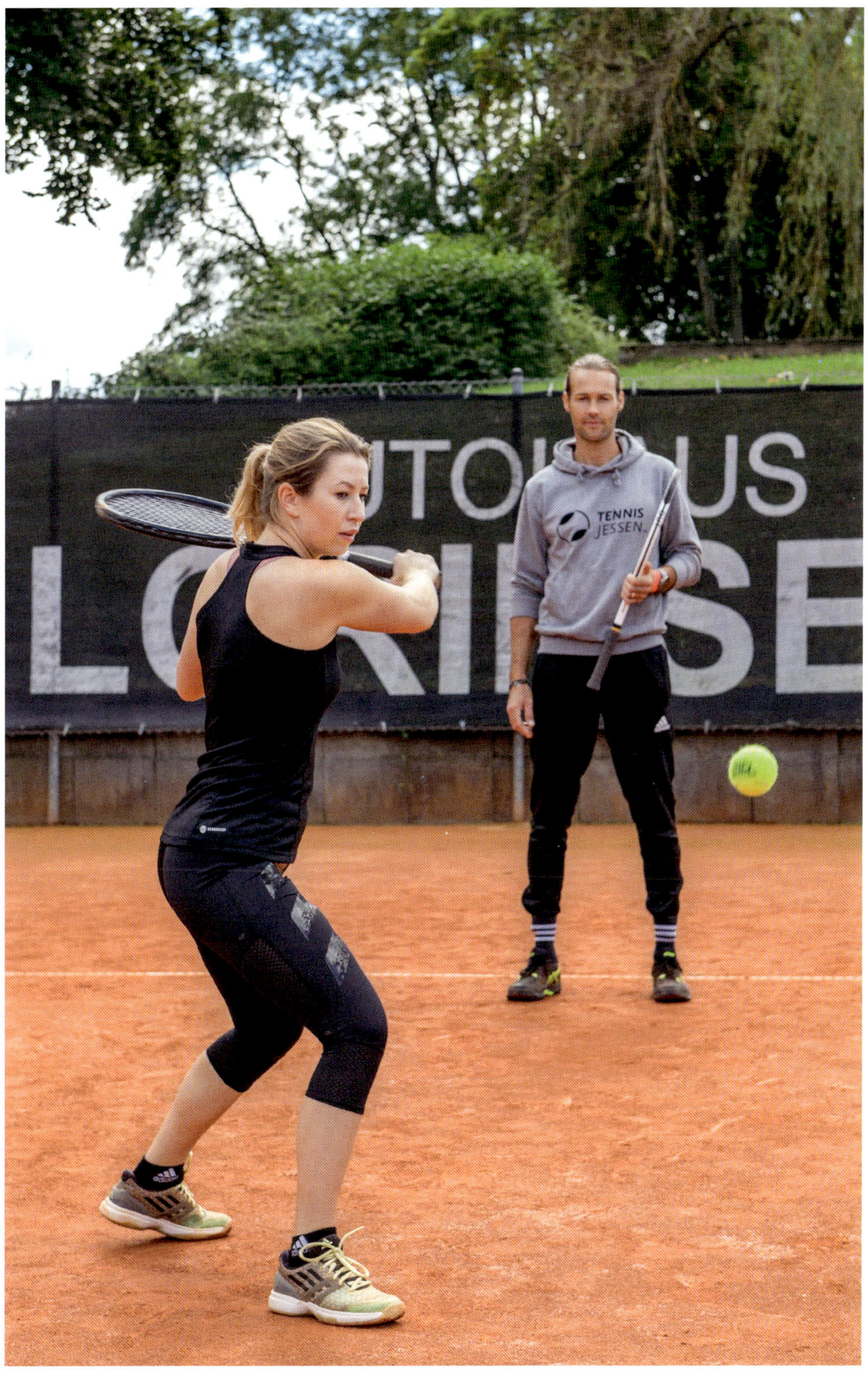
TENNIS
JESSEN

STRATEGIE
FOKUS

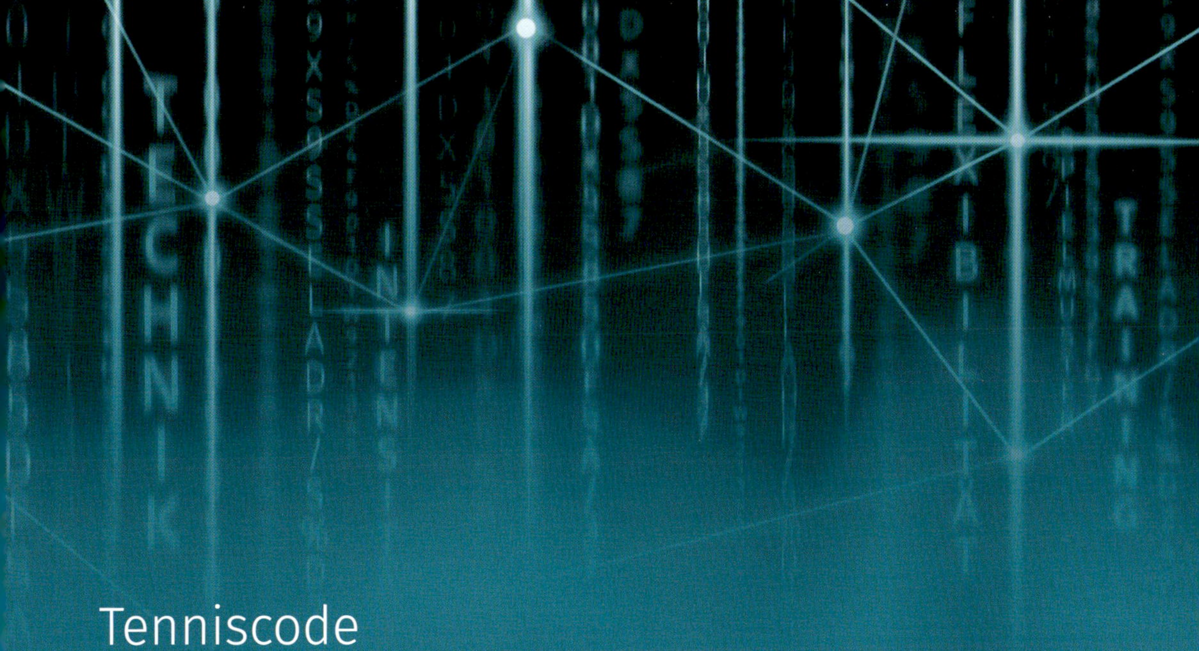

Tenniscode

Bewusst verbessern

Als Erstes müssen wir herausfinden, was genau wir verbessern möchten. Dann überlegt man, auf welchem Zeitstrahl die Verbesserung stattfinden soll.

Spüren und sehen

Um Bewegungen des eigenen Körpers zu verbessern, muss man diese spüren oder sehen.

Für das **Spüren** einer Bewegung benötigen wir Körperkontrolle, um zu wissen, wo man sich auf dem Zeitstrahl befindet und was man gerade macht.

Mit **Sehen** ist nicht nur das Anschauen und Nachahmen einer Bewegung gemeint, sondern auch die Selbstbeobachtung. Hinschauen, um bewusst zu sehen, was man macht, hilft beim Abgleichen der Vorstellung mit dem Spüren der Bewegung.

Impulse setzen

Um auf dem Zeitstrahl die gewünschte Aktion anzusprechen, kann man bewusste Impulse setzen, die das Gesamtbild der Bewegung verbessern.

Dies kann eine neue Bewegung sein, die koordiniert werden muss. Durch die Erweiterung des Bewegungshorizontes verbessert sich die Wahrnehmung der einzelnen Schritte auf dem Zeitstrahl. Es kann aber auch ein Impuls sein, der aus dem Gesetz der Gegenbewegung erfolgt.

Möchte man etwas verstärken, legt man den Fokus genau auf die Gegenseite, damit man den Ausgleich und die Gegenbewegung des Körpers ausnutzt. Eine Ablenkung der Bewegung ist ebenfalls ein möglicher Impuls. Dieser löst meist eine natürliche Aktion im Unterbewusstsein aus. Auch ein Impuls auf dem Zeitstrahl ist eine Option, die den Spieler dazu zwingt, seine Bewegung anzupassen und damit direkt anzusteuern.

In der Praxis sieht die Umsetzung wie folgt aus:

Ich suche mir zuerst einen Anhaltspunkt, der deutlich von der „Schablone" abweicht. Hier überprüfe ich zuerst nur den Körper und nicht das Schlagergebnis. Ich arbeite also bewegungsorientiert. Unterschieden nach Oberkörper und Unterkörper überprüfe ich, womit ich beginne. Meist starte ich mit dem Oberkörper. Er lässt sich oftmals besser koordinativ ansteuern, da wir diesen auch im Alltag vermehrt einsetzen. Punktuell nehme ich mich dann einer Sache an. Zum Beispiel nur die Arme. Alle anderen Dinge lasse ich noch außen vor. Mir ist natürlich bewusst, dass auch andere Komponenten wichtig sind. Doch soll sich der Spieler zuerst nur auf eine Sache konzentrieren.

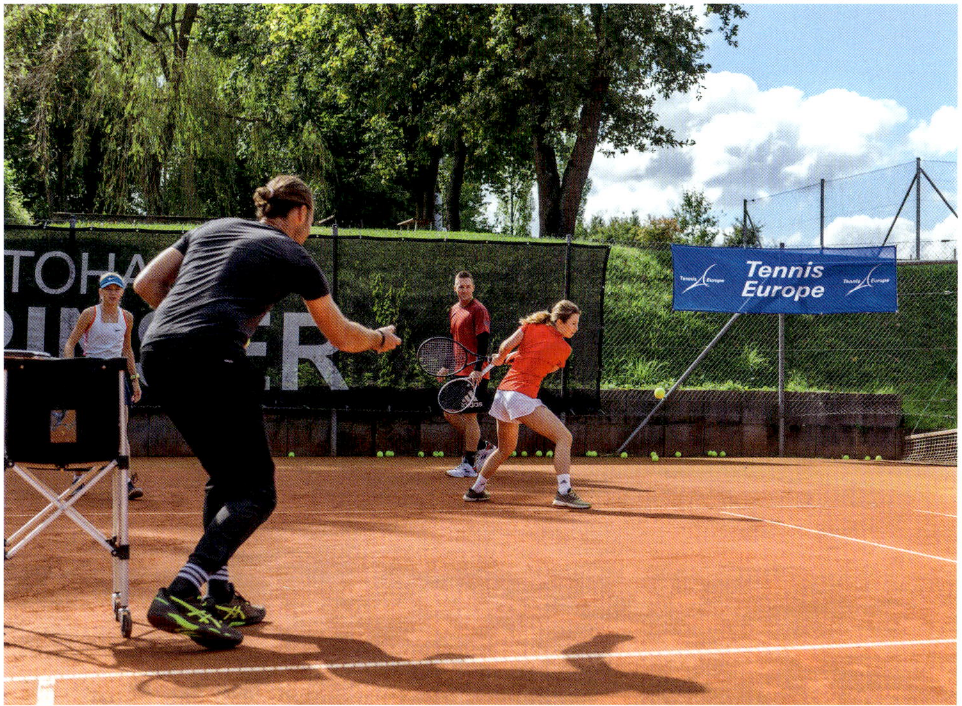

Der nächste Schritt ist die Überprüfung, ob mir die Bewegung im Allgemeinen zu groß ist. Ist es dem Spieler gerade gar nicht möglich, sich expliziert darauf zu konzentrieren? Dann reduziere ich sofort und werfe zum Beispiel Bälle an, um nur aus dem Stand zu spielen.

Wie bei der „Zeitstrahl“-Theorie in der bewegungsorientierten Arbeitsweise erklärt, ist es sinnvoll, zuerst nur den Bewegungsstrahl des Schlages zu bearbeiten. Gute Spieler können dies aus dem Ballwechsel steuern, oder es muss eben aus dem „Stand“ durch Anwerfen der Bälle verbessert werden.

Übrigens ein interessanter Punkt. Denn oft sieht man gute Spieler einfach nur cross spielen. Man könnte sich fragen: Was machen die da? Aber sie gehen bewusst oder unterbewusst genau auf die einzelnen Bewegungen im Zeitstrahl ein und beobachten deren Auswirkungen auf den Ball und das Ergebnis. Sie holen sich also ein Feedback zu ihrer Bewegung.

Merke ich, dass der Spieler einen Punkt auf dem Zeitstrahl nicht ansprechen kann, dann gebe ich hierfür den entsprechenden Impuls.

Es gibt hier in meinen Augen keinen Unterschied, ob es sich um Erwachsene oder Kinder handelt. Zwar werden Bälle, Schläger, Druck usw. altersgerecht angepasst, doch die Fähigkeit, den Körper zu kontrollieren, ist auch bei Kindern das Ziel und mit Geduld und den passenden Übungen auch immer möglich.

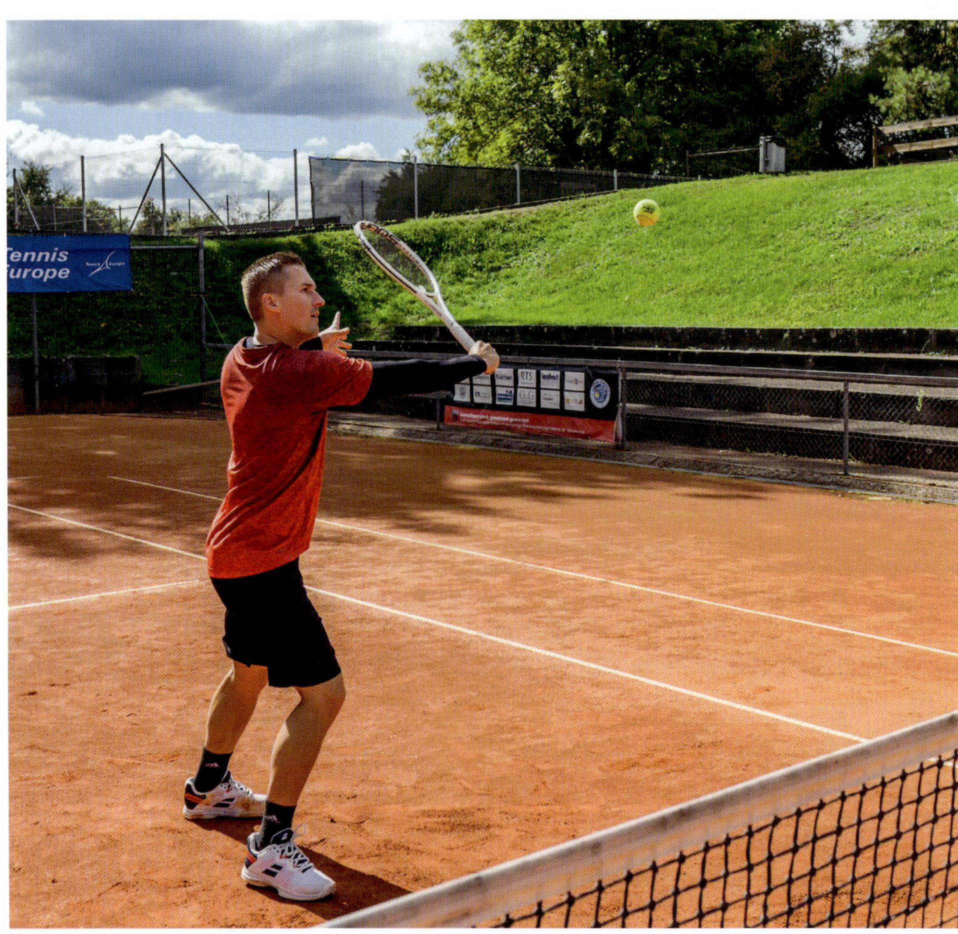

Verknüpfen von Ergebnis und Bewegung

Wenn ich merke, dass der Impuls klappt, beobachte ich die Auswirkung auf den Schlag. Jetzt beginnt das „Verknüpfen". Der Spieler muss merken, dass er dieses Ergebnis erzielt, wenn er die Bewegung bewusst steuert. Die Bewegung ist also der Beginn. Mit dem Verknüpfen des optimalen Ergebnisses haben wir die Lösung. Passen also Bewegung und Ergebnis immer zusammen, versuchen wir das abzuspeichern. Dazu braucht man die Wiederholungen.

Wir kommen also zum „Programmieren". Wir haben uns sozusagen den eigenen Aktionscode geschrieben und speichern diesen durch Üben ab. Also immer die gleiche Bewegung mit dem gleichen Ergebnis.

Nur wenn beides sich deckt, können wir uns auf etwas Konstantes verlassen. Genau das wird ja später auch benötigt im Tennis. Die Sicherheit besteht darin, entsprechend automatisierte Muster abzurufen.

Kann man sich auf die Bewegung verlassen, gehe ich den nächsten Schritt.

Optimieren

Für die Optimierung einer Bewegung müssen zuerst die folgenden Fragen beantwortet werden:

- 1) Bin ich in der Ausbildung und möchte den Bewegungshorizont vergrößern? (Dies tritt meistens bei Kindern bzw. Anfängern auf.)
- 2) Bin ich daran interessiert, die Bewegung zu optimieren?

Ich gehe immer als Erstes vom Ball aus. Das Beobachten des Balles hilft bei der Analyse, was genau gebraucht wird. Daher wende ich hier die Dreier-Regel an.

Richtung – Flugkurve – Qualität

Passt die **Richtung** nicht, muss die Bewegung so verkleinert werden, dass die **Schlägerfläche** der Situation entsprechend auf die Schlaglinie kommt.

Passt die **Flugkurve** nicht, brauchen wir den Fokus auf die **Bewegung im Arm**. Hierzu ist es wichtig zu lernen, dass voller Körpereinsatz nicht nötig ist. Also alles runterfahren, was die Beine betrifft, und nur den Arm einsetzen.
Passt die **Qualität** nicht, überprüfe ich zuerst, ob wir auf der Schlaglinie sind. Wenn ja, wie wird dann der **Unterarm** eingesetzt?

Zwei Schritte auf einmal sind auch möglich.

Hier ist der Vorgang der Programmierung am einfachsten, wenn man zum Beispiel fünf Schläge lang den Fokus auf die eine Sache und fünf Schläge lang auf die andere Sache richtet.

Wiederholen – Automatisieren

Jetzt heißt es: üben, üben und üben.

Um zu automatisieren, muss man Tausende gleicher Schläge absolvieren, wie auch schon auf Seite 35 „Wie finde ich den richtigen Treffpunkt ...“ ausgeführt.

Ich erkläre das immer anhand einer Checkliste.

Anfangs hast du mindestens zehn Punkte auf deiner Liste, die du behandeln möchtest. Daher treten bei vielen häufig Frustration und Überforderung auf.

Als Anfänger wären das auch Punkte wie das Ausholen und das Bewusstsein, die Schlägerfläche hinter den Ball zu bringen, was ja für geübte Spieler bereits selbstverständlich ist.

Je mehr man trainiert, desto mehr kann man von der Liste streichen, weil es bereits automatisiert abläuft, d. h zu einer Art Standard in der Bewegung geworden ist.

Beispiel: Gute Spieler machen den Split Step automatisch und denken nicht vorher darüber nach ...

Am Ende bleiben immer ein oder zwei Punkte auf der Liste übrig. Deshalb ist Tennis auch so trainingsintensiv.

Durchhalten!

Sich verbessern heißt auch dranbleiben. Gib einer Veränderung oder einem Lernprozess immer genug Zeit, denn nicht nur das Gehirn speichert. Auch die Muskulatur braucht ausreichend Zeit für die Verinnerlichung von Bewegungen. Daher lassen sich Ergebnisse oft erst später erkennen als gewünscht.

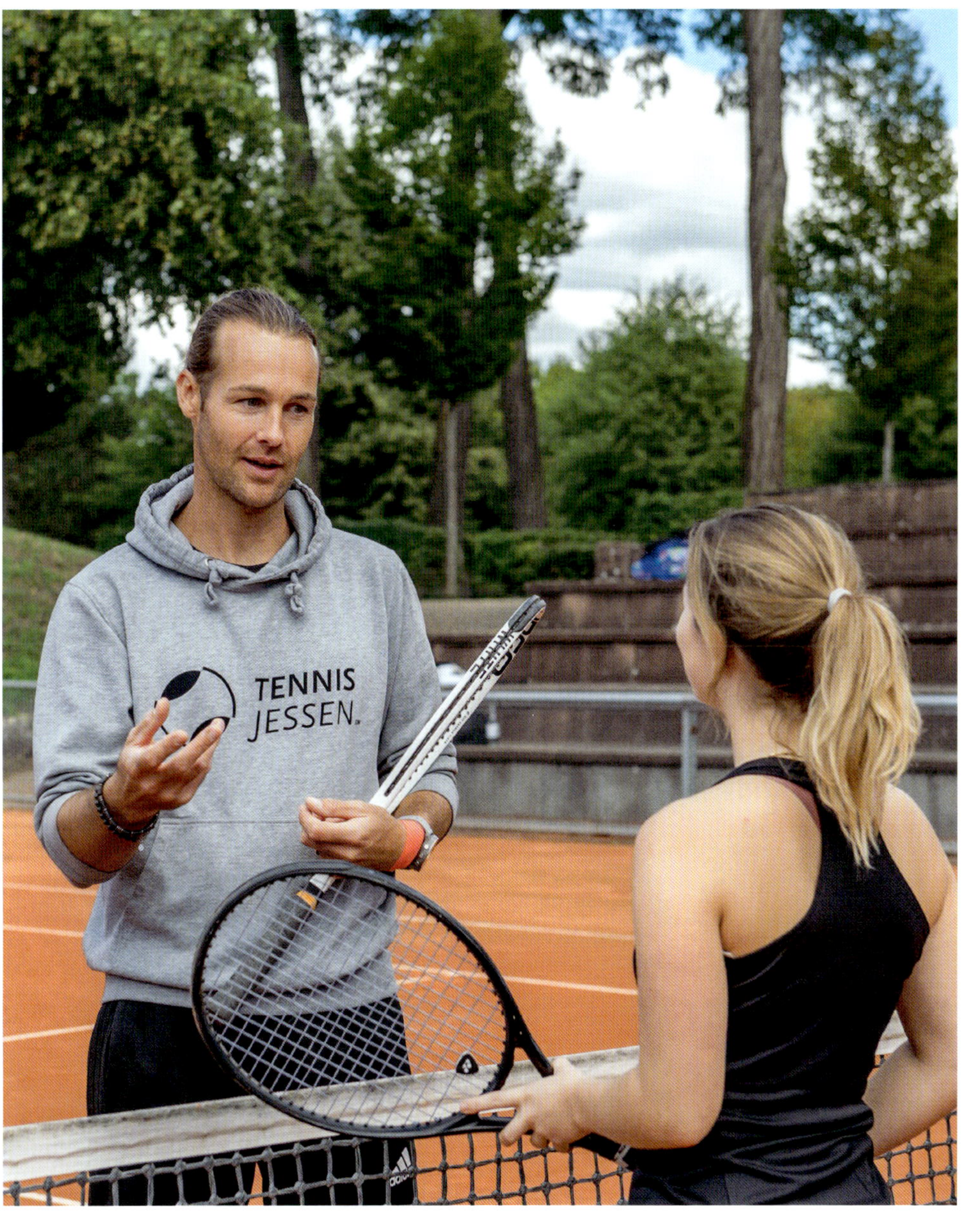

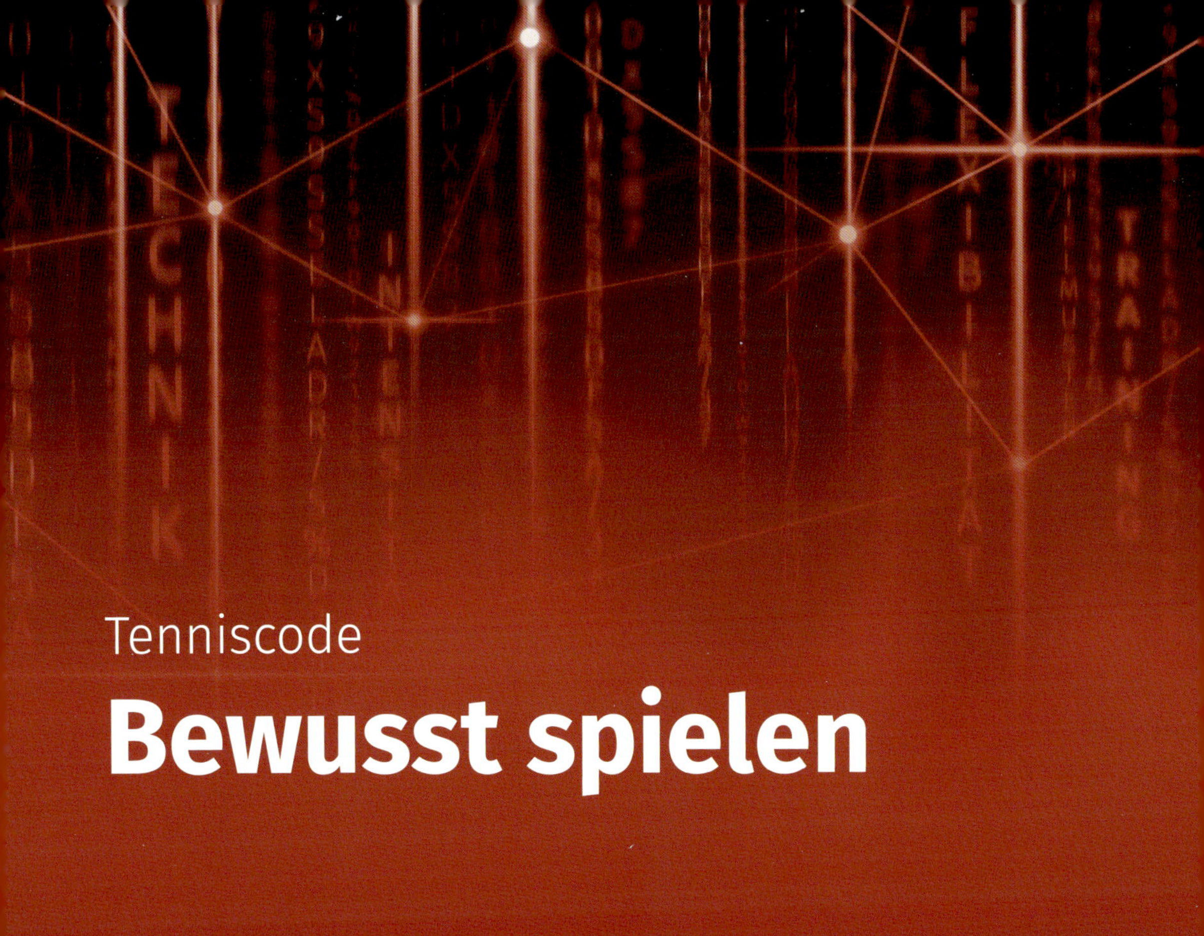

Tenniscode

Bewusst spielen

Viel zu oft wird zuerst am Ergebnis gearbeitet. Ist ja auch klar. Man entscheidet sich für ein Spiel und möchte so schnell es geht damit anfangen.

Werden also die Punkte Lernen und Verbessern nicht sauber ausgeführt, ist das Spiel schnell limitiert. Damit möchte ich sagen, dass bewusstes Spielen nur möglich ist, wenn die Basis gelegt wurde. Den Reiz des Spieles machen taktische Entscheidungen aus, und diese basieren auf den Möglichkeiten, die man als Spieler mitbringt.

Es geht um Zeit

Ganz banal gesprochen geht es beim Tennis-Spiel um Zeit.

Mit einem geschlagenen Ball möchte man den Gegner so unter Druck setzen, dass man entweder damit den Punkt macht oder man ihn beschäftigt. Denn nur wenn man beschäftigt ist, sprich Einfluss auf dessen Zeitstrahl der Bewegung hat, kann man ihn zu Situationen zwingen, die eine höhere Fehlerwahrscheinlichkeit hervorrufen.

Generell gilt in diesem Spiel:

Dem Gegner Zeit wegnehmen – für sich selbst Zeit gewinnen.

Alles, was für uns schwierig ist, ist auch für den Gegner schwierig.

- Zeitstress in der Bewegung
- Zeitstress bei Entscheidungen
- Kontrolle des Schlages in körperlich anspruchsvollen Situationen

Zeitspiel mit der Flugkurve

Zeit zu gewinnen oder wegzunehmen ist durch das Spiel mit der Flugkurve möglich. Eine flache Flugkurve sorgt dafür, dass der Ball kürzer in der Luft ist, bevor er aufkommt.

Im Gegenzug lässt eine höhere Flugkurve den Ball länger in der Luft und verlängert so die Zeit, bevor der Ball aufkommt.

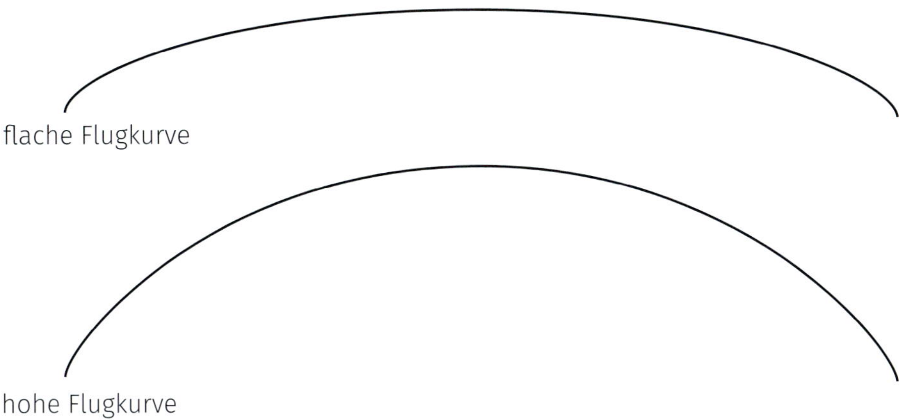

Zeitspiel mit der Positionierung

Aus der Flugkurve und dem Absprung des Balles sowie der Höhe des Treffpunktes entsteht die mögliche Position des Spielers. Die Frage, ob er dem Gegner Zeit wegnimmt, entscheidet der Spieler durch das Spielen des Balles nach dem Abspringen oder dem direkten Spielen aus der Luft. Damit legt der Ball nur wenig Weg zurück, bis er wieder auf die andere Seite kommt. Möchte der Spieler Zeit gewinnen, geht er zurück und verlängert damit den Weg des Balles, der auf ihn zukommt, und natürlich auch den Weg des Balles, den er zurückspielt.

Je länger der Ball in der Luft ist, desto mehr Zeit gewinnt man. Allerdings schenkt das auch dem Gegner mehr Zeit und damit die Möglichkeit, sich noch besser zu positionieren.

Positionen, die verdeutlichen, wie das Spiel der Zeit auf dem Platz durch die Positionierung bestimmt werden kann.

Auf Bild 1 stehen die Spieler A und B an gleicher Position und haben damit die gleichen zeitlichen Voraussetzungen.

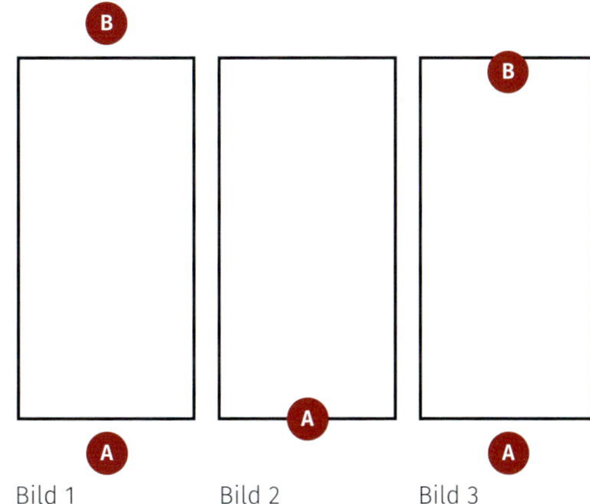

Auf Bild 2 hat Spieler A, der an der Linie steht, die Möglichkeit, Spieler B, der weit hinter der Grundlinie steht, Zeit wegzunehmen. Spieler B hinter der Grundlinie hat die Möglichkeit, Zeit zu gewinnen.

Auf Bild 3 hat Spieler B, der im Feld steht, die Möglichkeit, dem Gegner Zeit wegzunehmen. Spieler A, der neutral steht, hat kaum eine Möglichkeit, Zeit zu gewinnen.

Zeitspiel mit dem Laufweg

Durch die Verlängerung des gegnerischen Laufweges kann man diesem im passenden Moment Zeit wegnehmen.

Das bedeutet: Wenn der Gegner weite Laufwege hat und der Spieler, der ihn schickt, sich so positioniert, dass er die Flugkurve verkürzen kann, hat er die Möglichkeit, Zeit wegzunehmen. Der Spieler, der läuft, braucht immer mehr Zeit, um zurückzulaufen. Irgendwann reicht die Zeit seiner Flugkurve nicht mehr für den nächsten Laufweg.

Pfeile: Laufweg

Zeitspiel mit Durchhalten

Den Ball im Spiel zu halten, ist auch ein Spiel mit der Zeit.

Das Ziel ist hier, den Gegner zu einem Fehler zu zwingen. Also versucht man, so oft es geht den Ball zurückzubringen.

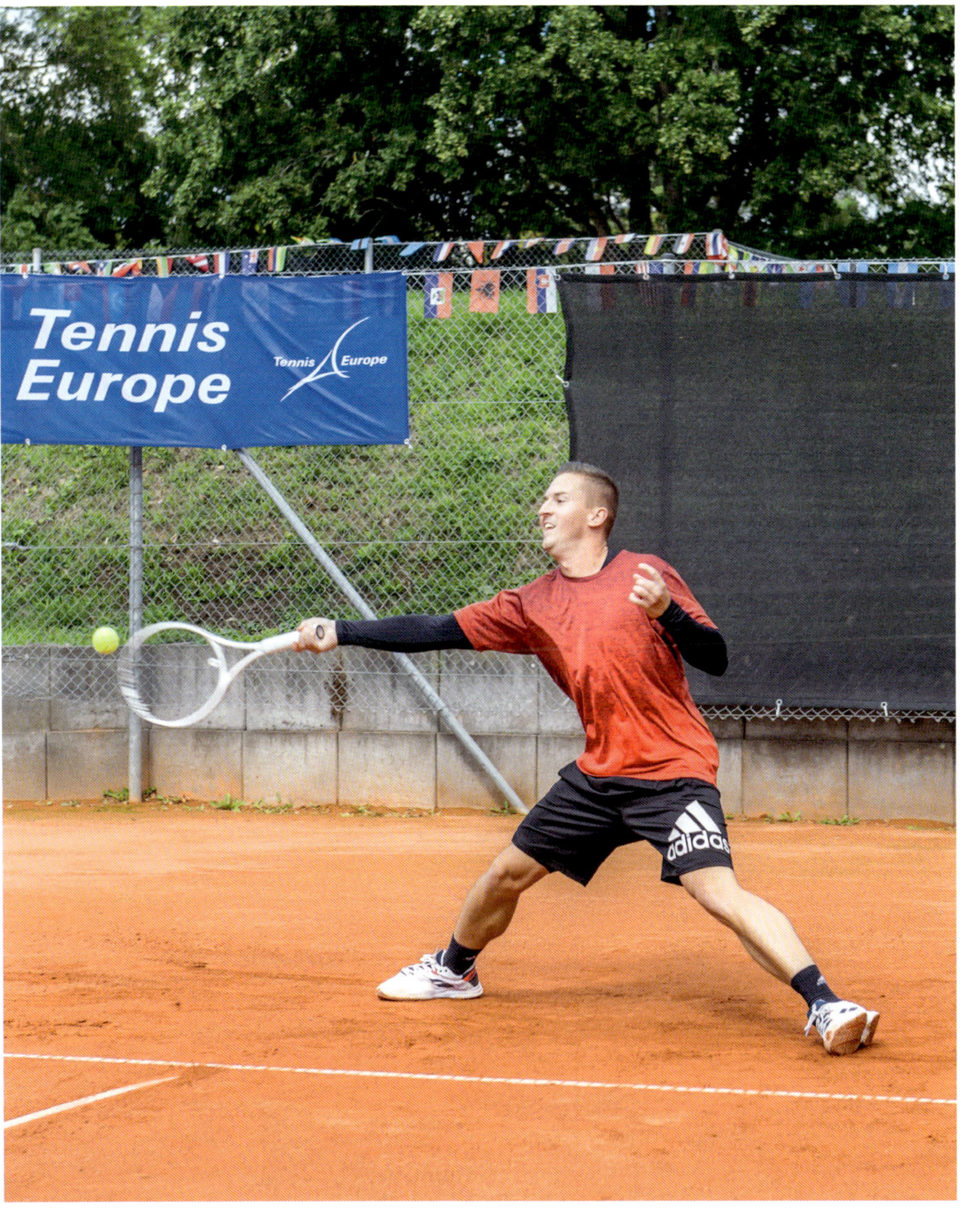

Es ist ein Spiel

Allein dieser Satz sollte bei uns die Fantasie anregen.

In welche Rolle schlüpfst du?

Wie gut bist du vorbereitet?

Welche Möglichkeiten hast du?

Was kannst du abrufen?

Bildlich gesprochen: Was hast du in deinem Rucksack? Welche Werkzeuge hast du dabei? Hier geht es natürlich auch um Selbsteinschätzung. Vor allem aber auch um die richtige Vorbereitung. In den wenigsten Fällen ist man der „Endgegner" und hat alle Mittel zur Verfügung, um seinen Gegner zu besiegen.

Möglichkeiten

Die folgenden Spielfiguren sind Beispiele für Spielertypen:

Schnelligkeit	++	+++++++	+++++++	+++++++++
Kraft	+++++++	+	+++	+
Ausdauer	+++	+++++++++++	+++	++
Powerschlag	Vorhand + Aufschlag	Slice	Aufschlag + Rückhand	Return
mentale Stärke	+++++++++	+++++++++	++	+++++++++
Anpassung	+	++++++++++	+	++
Spielwitz	+	+++++	++++++++	++++++++

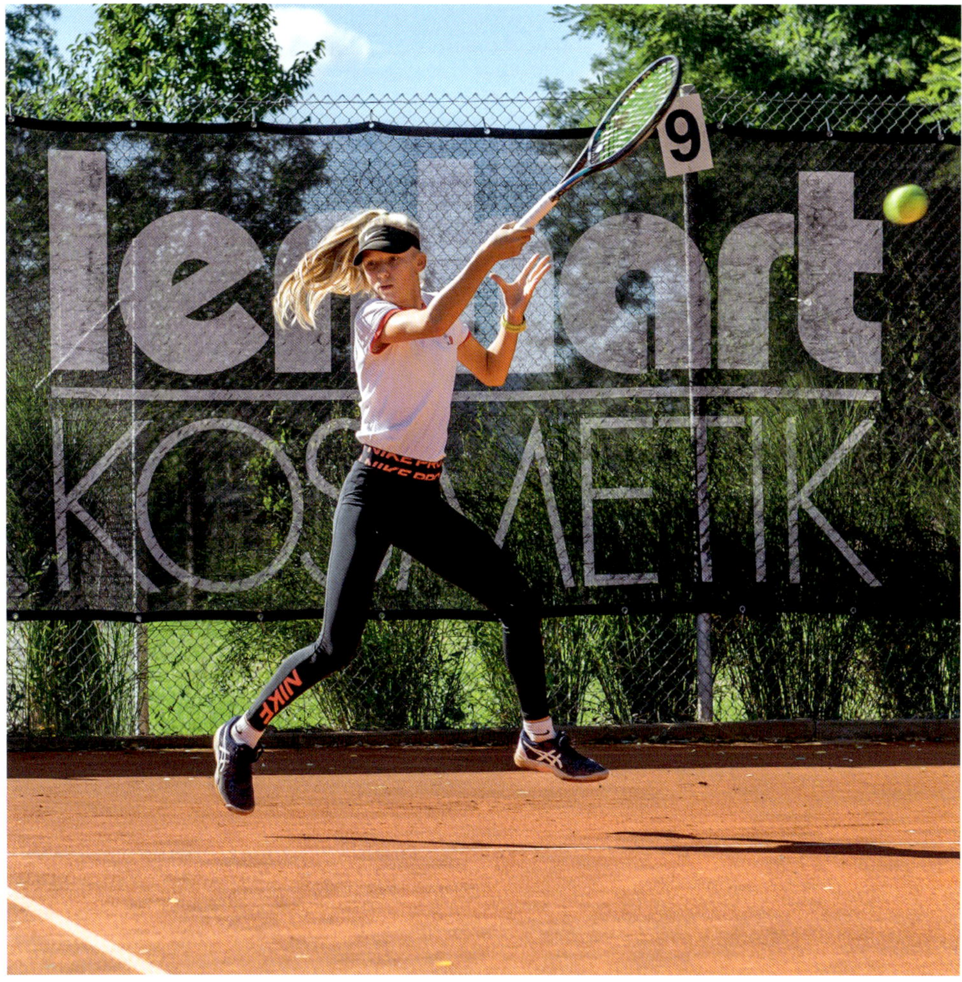

Die Betrachtung der Figuren ist die Basis, um zu verstehen, mit welchen Gegnern gespielt wird.

Allerdings wird diese Sichtweise oftmals von Spielern nicht angewendet. Viele sind so mit sich selbst beschäftigt, dass sie das Wichtigste bei einem Spiel vergessen: Bei einem Zweikampf muss man seinen Gegner einschätzen und beobachten.

Welche Fähigkeiten bringt der Gegner mit?

Nach dem Abgleichen der Gegebenheiten, welches beim Einspielen oder beim Beobachten des Gegners bei anderen Matches geschieht, kann es losgehen.

Rollenspiele

Die Möglichkeiten der Spieler sind die Basis. Welche Rolle sie allerdings tatsächlich einnehmen, ist damit noch nicht geklärt. Nicht jeder Spieler hat die Fähigkeiten, um jede Spielrolle einzunehmen. Doch können die meisten Gegner mit mindestens zwei Rollen auftreten.

Beim Tennis-Spiel kann man in einem Ballwechsel oder auch im ganzen Match gleich mehrere Rollen einnehmen.

Zum Beispiel aus der Verteidigung eines Schlages in den Angriff zu gehen. Je geübter der Spieler, desto variabler kann der Spieler in die unterschiedlichen Rollen schlüpfen.

Drei typische Rollen, die ein Spieler einnehmen kann, sind:

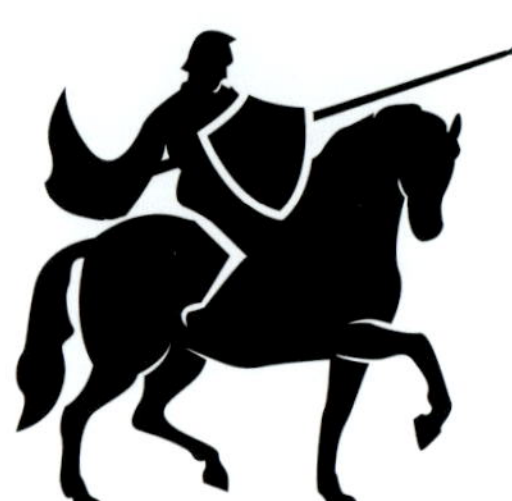

Der Krieger
Furchtlos und immer auf Angriff aus.

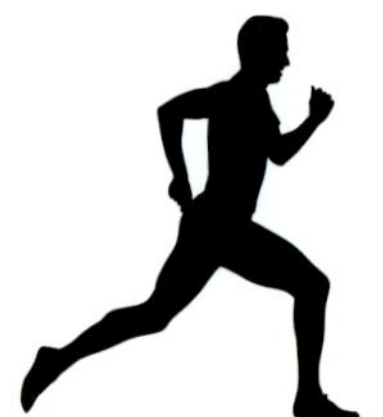

Der Läufer
Laufen und den Ball zurückbringen, egal wie.

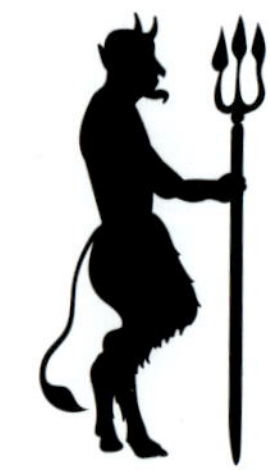

Der Teufel
Provozierend spielen mit Täuschungen und dem Einsatz von Stopp, Lob und cleveren Rhythmuswechseln.

Für ein erfolgreiches Tennismatch sollte man sich auf seine eigenen Rollenspiele konzentrieren. Wichtig ist zu wissen, welche Eigenschaften der Gegner hat, aber nicht, in welche Rolle er dauerhaft schlüpft.

Ist man sich bewusst, welche Rolle man selbst eingenommen hat, stellt man andere Möglichkeiten nicht in Frage und wird stabiler im Spiel. Man bleibt sozusagen seinem Spiel treu und hat einen roten Faden für seine Strategie.

Prozenttennis

Nicht jeder Schlag, den man spielt, ist der Richtige. Um die Wahrscheinlichkeit zu erhöhen, um sowohl im Ballwechsel zu bleiben als auch den Gegner unter Druck zu setzen, sollte man den Ball spielen, der den höchsten Prozentsatz an Sicherheit mitbringt.

Baue deine eigene Matchstrategie anhand deiner Stärken und der Sicherheit deiner Schläge auf. Jeder Spieler trägt seine eigene Spielstärke in sich selbst. Wichtig ist nicht, was man alles spielen könnte, sondern wo die Stärken liegen, die man einsetzt.

Das ist der Schlüssel zum erfolgreichen Tennis.

Wie erkennt man seine Stärken?

Oftmals hat man eine andere Wahrnehmung, welcher Schlag gut oder gewinnbringend ist im Vergleich zur Statistik seiner Schläge. Daher sollte man den Zahlen trauen und diese erarbeiten.

Eine Möglichkeit, seine Schläge zu testen, ist wie folgt:

Zehn Bälle aus dem Korb anspielen lassen.
X von zehn Bällen im Feld ergeben die Prozentzahl x.

Bei vier Bällen im Feld und sechs Fehlern hat man also eine Quote von 40 % bei diesem Schlag.
Das kann man für jeden Schlag mit unterschiedlichen Laufwegen und Zielen bestimmen. Natürlich auch für Aufschlag und Return.

Es gibt immer die gleichen Situationen im Tennis.

Weißt du, welchen Ball du darauf spielst?

Die Buchstaben A–I stehen für die einzelnen Zonen, in denen der Ball aufspringt. In jeder dieser Zonen kann der Ball entweder

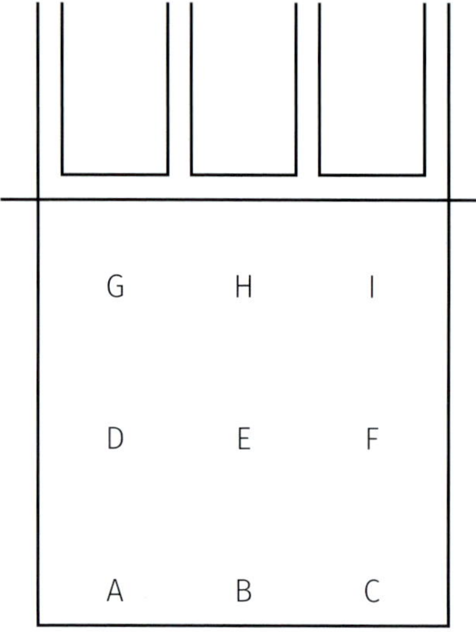

- 1) hoch bzw. langsam abspringen oder
- 2) flach bzw. schnell abspringen.

Baue so dein eigenes Spielmuster auf.

Du solltest immer wissen, welchen Ball du in der einzelnen Zone spielst.

Das weißt du, wenn du die Prozentzahl deiner Schläge in den einzelnen Zonen zur Situation 1) oder 2) kennst.

Spielmuster

Anhand der „Prozenttennis“-Strategie entstehen feste Spielmuster. Man versucht, den im Training definierten Schlag der einzelnen Situation entsprechend zu spielen.

Plan für das Spielen um Punkte

Mit dem Wissen über sein Prozenttennis ist es sinnlos, den Ball nur in die freie Ecke zu spielen, um den Gegner laufen zu lassen und um damit Zeit zu gewinnen.

Es geht darum, die Chancen zu erhöhen, indem man einen Ball spielt, bei dem die eigene Prozentzahl am höchsten ist. Ganz gleich, was der Gegner macht. Allzu oft lässt man sich aber verleiten, etwas zu spielen, was taktisch oder gewinnbringend erscheint. Doch nur der solide Schlag erhöht die Wahrscheinlichkeit für taktisch clevere Lösungen. Man kann bewusst Risiko eingehen, sollte dies aber ins passende Verhältnis setzen. Damit ist gemeint, ob sich das Risiko für den gespielten Ball auszahlt oder ob es nicht cleverer wäre, den Ball mit einer höheren Wahrscheinlichkeit zu spielen, damit man im Spiel bleibt.

Was bedeutet das für das Training?

Es müssen die Stärken trainiert werden. Schwächen können ausgebessert werden, aber sollten nicht in die Optionen für einen Spielaufbau eingeplant sein. Am besten sucht man nach Lösungen in Spielmustern, mit denen man zum Einsatz seiner Stärken kommen kann.

Da sind die persönlichen Standardsituationen. Im Training wird also die Frage geklärt: Welcher Schlag in welcher Situation?

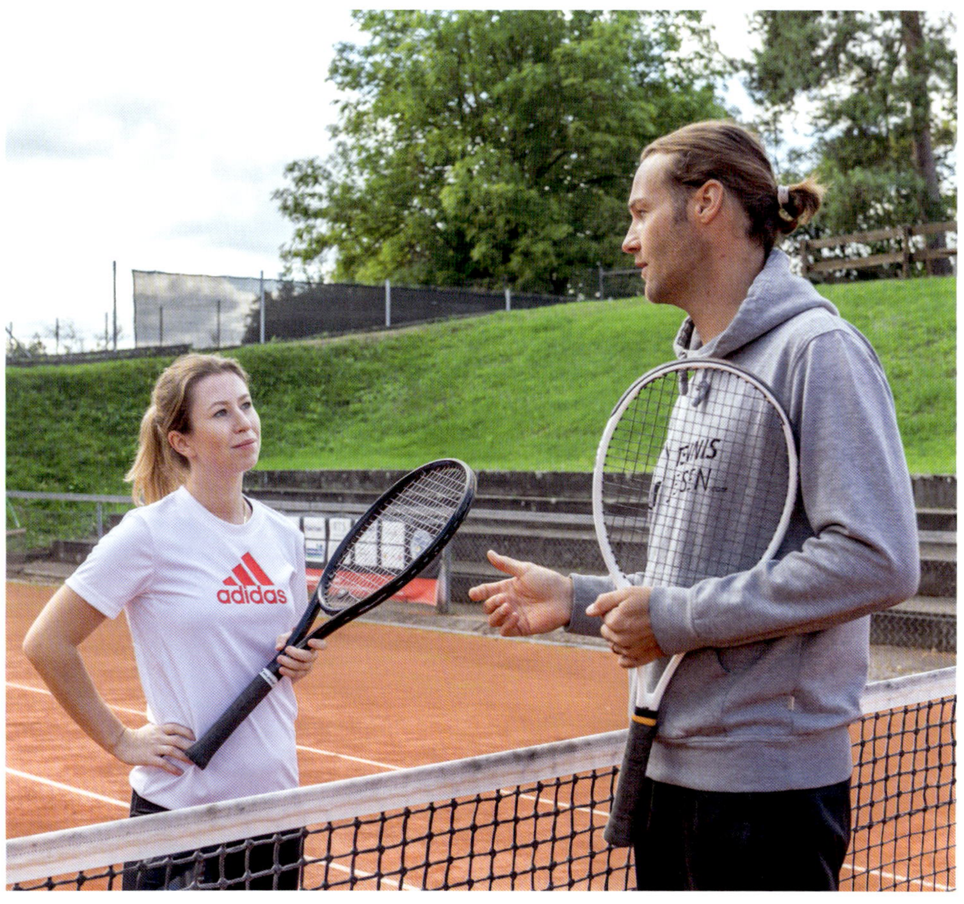

Praktische Tabelle

Dies ist eine praktische Tabelle, um die eigene Spielstärke zu überprüfen. Trage die Prozentzahl deiner Schläge in die freien Felder ein. Spiele immer zehn Bälle aus der jeweiligen Situation und ermittle so die Stärke und Schwäche deiner Schläge. Wiederhole diesen Test nach einem Monat Training und schaue, ob sich deine Prozentzahl verbessert hat. Du kannst diese Grafiken als Druckvorlage downloaden. (Siehe Seite 12.)

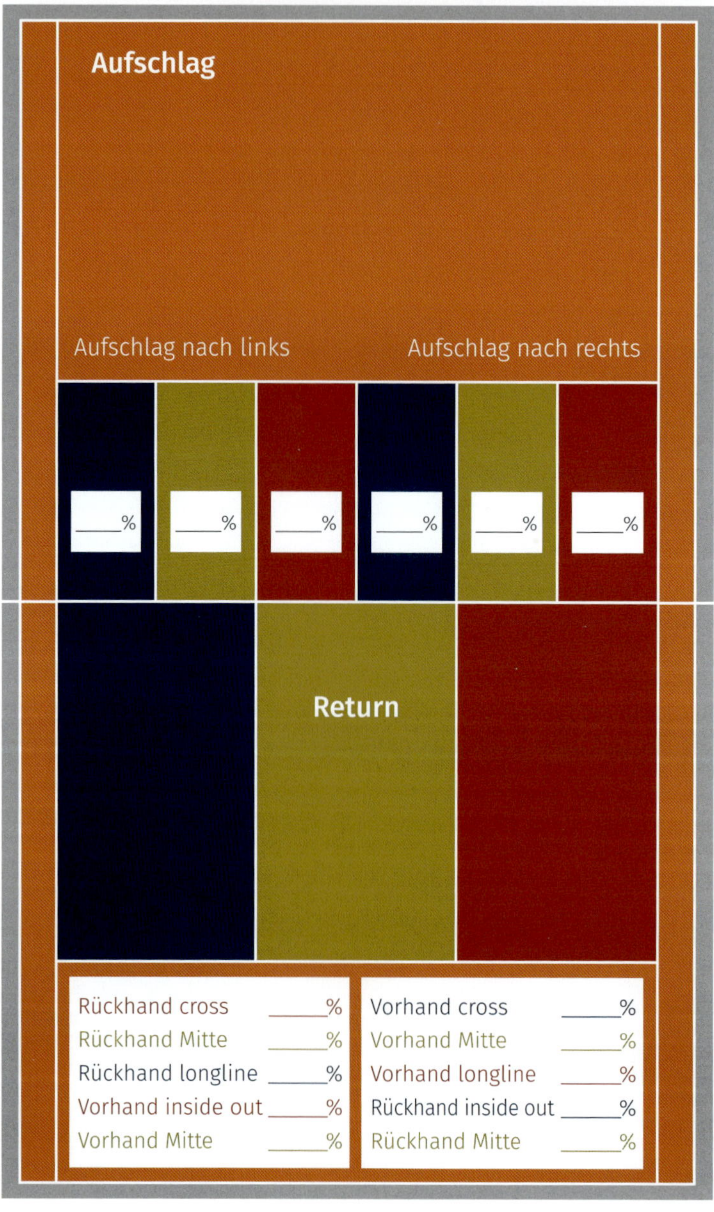

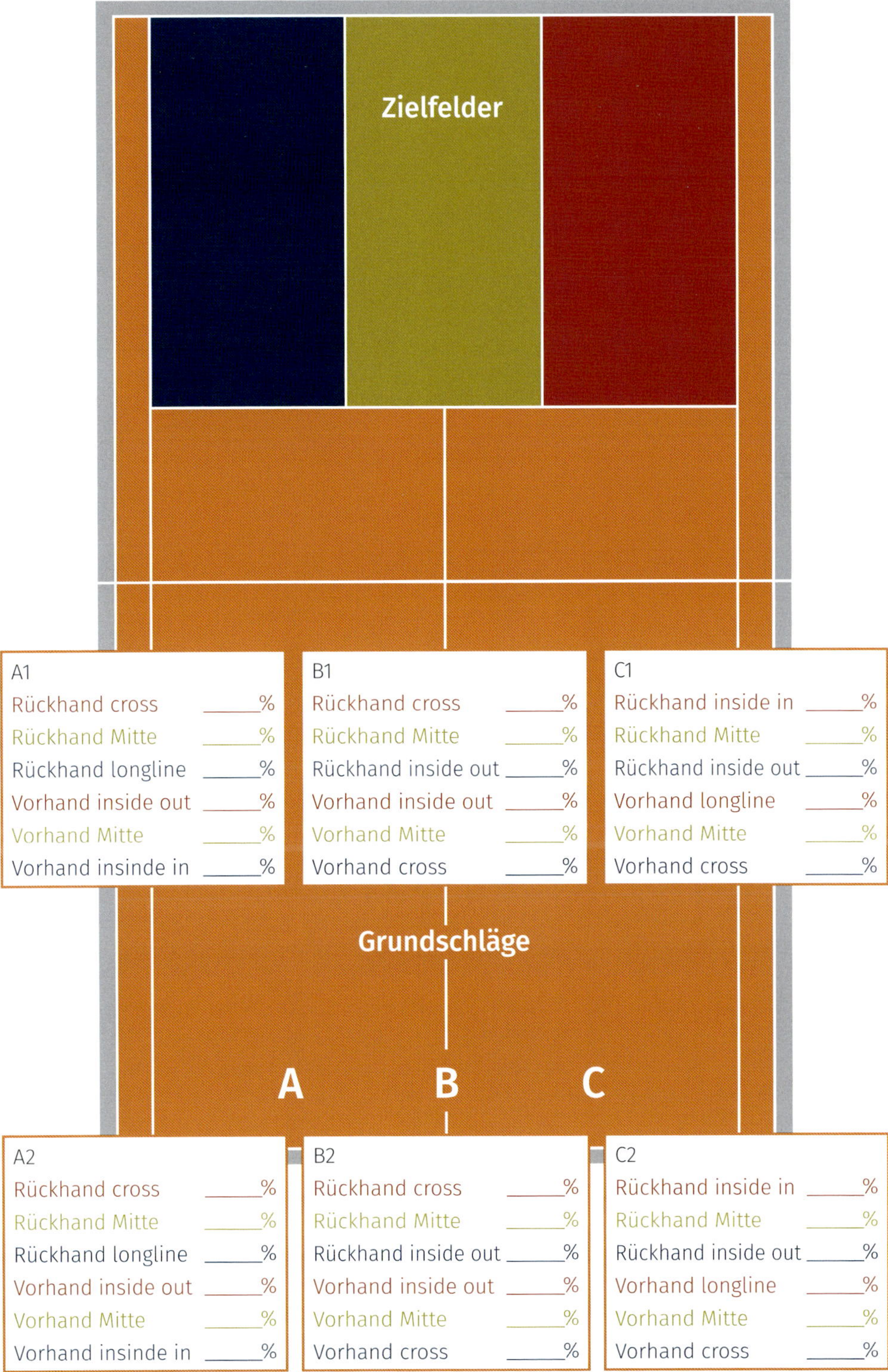
Zielfelder
A1
Rückhand cross ______%
Rückhand Mitte ______%
Rückhand longline ______%
Vorhand inside out ______%
Vorhand Mitte ______%
Vorhand insinde in ______%
B1
Rückhand cross ______%
Rückhand Mitte ______%
Rückhand inside out ______%
Vorhand inside out ______%
Vorhand Mitte ______%
Vorhand cross ______%
C1
Rückhand inside in ______%
Rückhand Mitte ______%
Rückhand inside out ______%
Vorhand longline ______%
Vorhand Mitte ______%
Vorhand cross ______%
Grundschläge
A
B
C
A2
Rückhand cross ______%
Rückhand Mitte ______%
Rückhand longline ______%
Vorhand inside out ______%
Vorhand Mitte ______%
Vorhand insinde in ______%
B2
Rückhand cross ______%
Rückhand Mitte ______%
Rückhand inside out ______%
Vorhand inside out ______%
Vorhand Mitte ______%
Vorhand cross ______%
C2
Rückhand inside in ______%
Rückhand Mitte ______%
Rückhand inside out ______%
Vorhand longline ______%
Vorhand Mitte ______%
Vorhand cross ______%

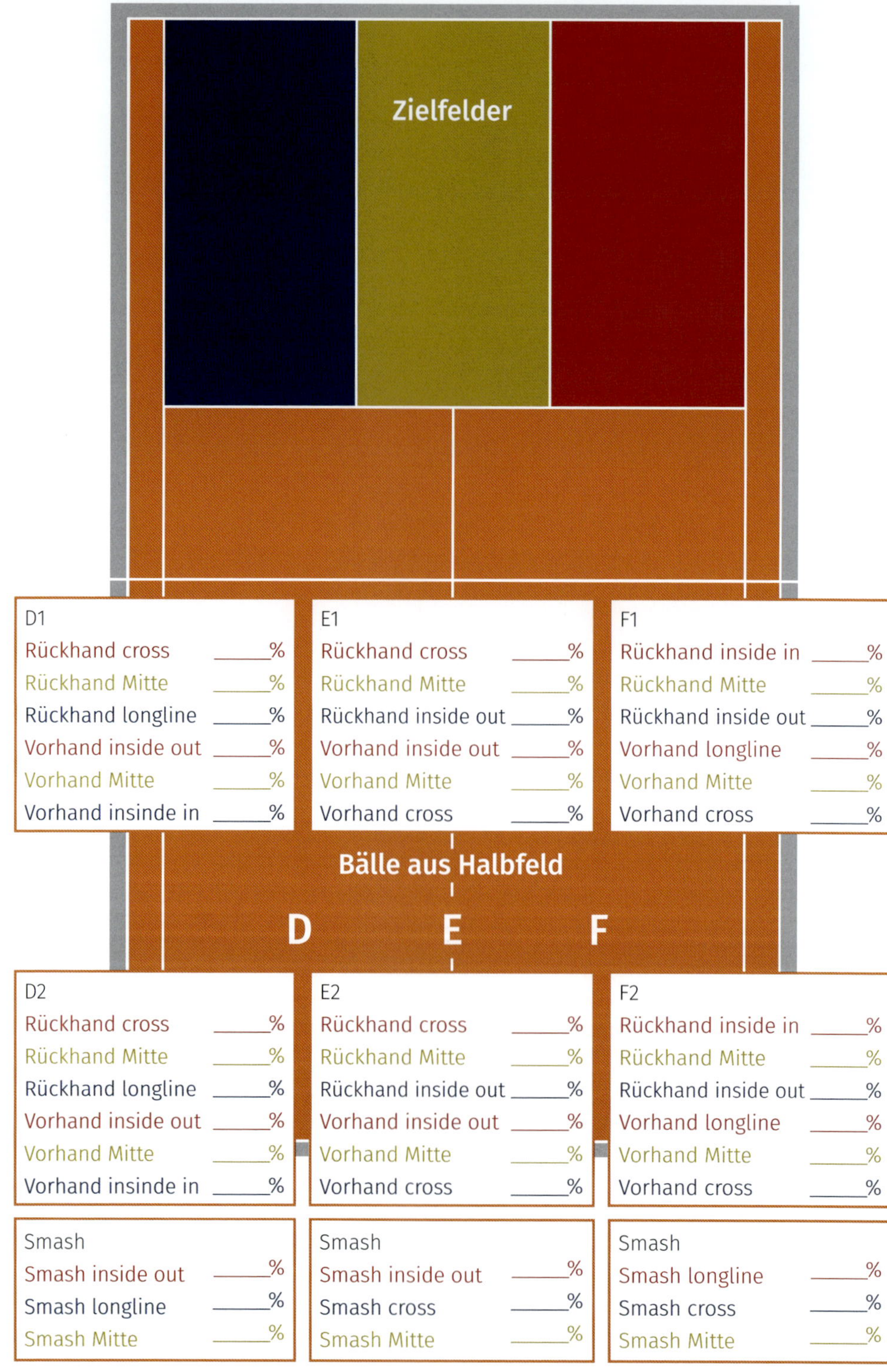
Zielfelder
D1
Rückhand cross ______%
Rückhand Mitte ______%
Rückhand longline ______%
Vorhand inside out ______%
Vorhand Mitte ______%
Vorhand insinde in ______%
E1
Rückhand cross ______%
Rückhand Mitte ______%
Rückhand inside out ______%
Vorhand inside out ______%
Vorhand Mitte ______%
Vorhand cross ______%
F1
Rückhand inside in ______%
Rückhand Mitte ______%
Rückhand inside out ______%
Vorhand longline ______%
Vorhand Mitte ______%
Vorhand cross ______%
Bälle aus Halbfeld
D
E
F
D2
Rückhand cross ______%
Rückhand Mitte ______%
Rückhand longline ______%
Vorhand inside out ______%
Vorhand Mitte ______%
Vorhand insinde in ______%
E2
Rückhand cross ______%
Rückhand Mitte ______%
Rückhand inside out ______%
Vorhand inside out ______%
Vorhand Mitte ______%
Vorhand cross ______%
F2
Rückhand inside in ______%
Rückhand Mitte ______%
Rückhand inside out ______%
Vorhand longline ______%
Vorhand Mitte ______%
Vorhand cross ______%
Smash
Smash inside out ______%
Smash longline ______%
Smash Mitte ______%
Smash
Smash inside out ______%
Smash cross ______%
Smash Mitte ______%
Smash
Smash longline ______%
Smash cross ______%
Smash Mitte ______%

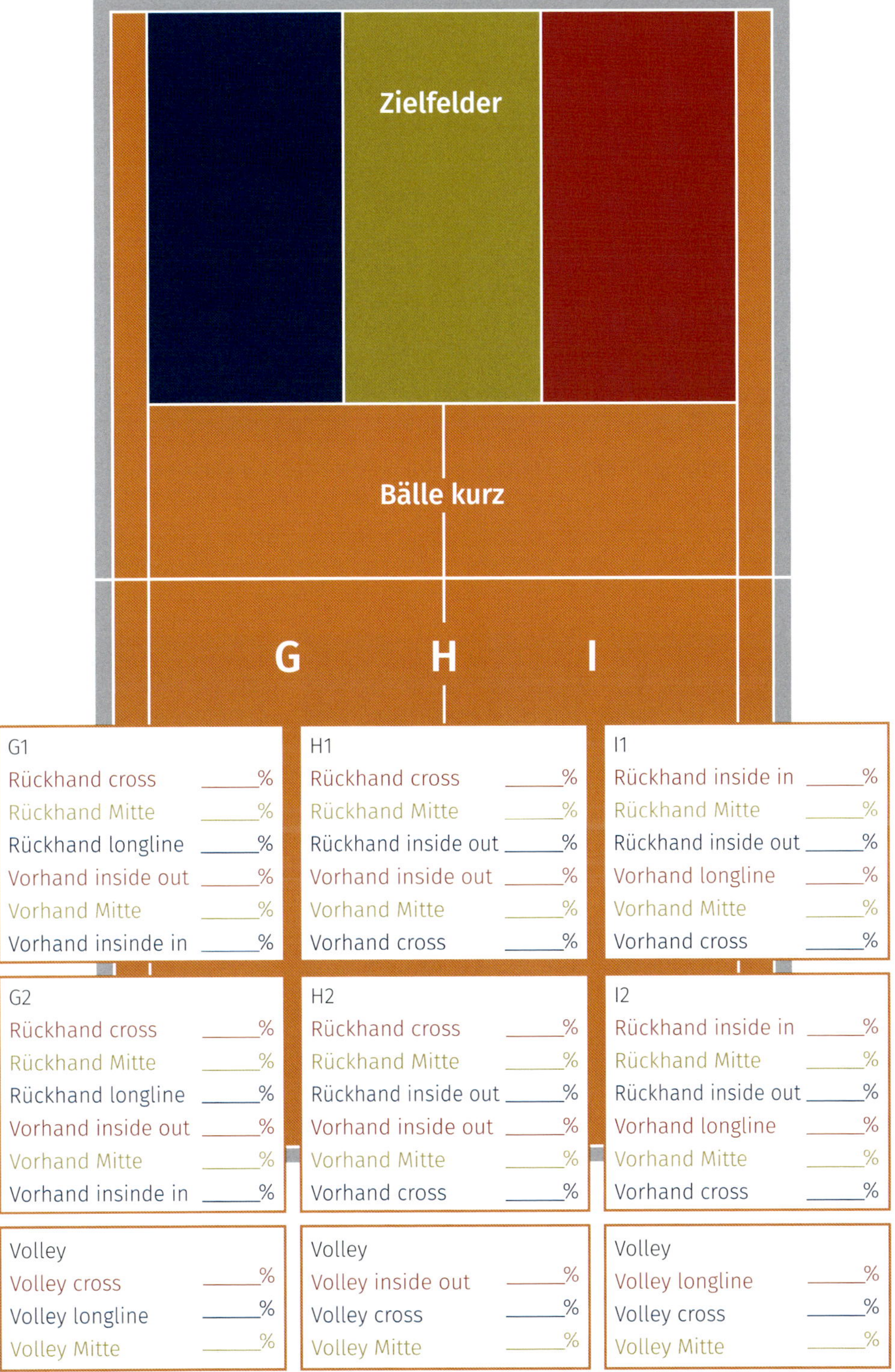
Zielfelder
Bälle kurz
G
H
I
G1
Rückhand cross _____%
Rückhand Mitte _____%
Rückhand longline _____%
Vorhand inside out _____%
Vorhand Mitte _____%
Vorhand insinde in _____%
H1
Rückhand cross _____%
Rückhand Mitte _____%
Rückhand inside out _____%
Vorhand inside out _____%
Vorhand Mitte _____%
Vorhand cross _____%
I1
Rückhand inside in _____%
Rückhand Mitte _____%
Rückhand inside out _____%
Vorhand longline _____%
Vorhand Mitte _____%
Vorhand cross _____%
G2
Rückhand cross _____%
Rückhand Mitte _____%
Rückhand longline _____%
Vorhand inside out _____%
Vorhand Mitte _____%
Vorhand insinde in _____%
H2
Rückhand cross _____%
Rückhand Mitte _____%
Rückhand inside out _____%
Vorhand inside out _____%
Vorhand Mitte _____%
Vorhand cross _____%
I2
Rückhand inside in _____%
Rückhand Mitte _____%
Rückhand inside out _____%
Vorhand longline _____%
Vorhand Mitte _____%
Vorhand cross _____%
Volley
Volley cross _____%
Volley longline _____%
Volley Mitte _____%
Volley
Volley inside out _____%
Volley cross _____%
Volley Mitte _____%
Volley
Volley longline _____%
Volley cross _____%
Volley Mitte _____%

Strategiekarten

Mit diesen Karten kannst du unkompliziert Strategien durchspielen. Dahinter steht die Idee, das Bewusstsein für Strategien zu entwickeln, gut zu beobachten und zu lernen, einen Plan konsequent durchzusetzen.

Und so geht's:

Spieler A und Spieler B ziehen jeweils eine Strategiekarte. Es wird versucht, den „Plan" auf der Karte bei jedem Ballwechsel nachzuspielen. Das Muster sollte möglichst beibehalten werden. Bei einem Spiel mit Aufschlag ist der Return ohne Muster, es sei denn, es steht explizit auf der Karte, wo der Return hingehen soll.

Am Ende der vorher definierten Spielzeit wird versucht zu erkennen, was der Gegner gespielt hat.

Spiele wenn möglich nur VH	**VH cross RH longline**	**Alles in die RH des Gegners**
RH nur Slice	**Jeder zweite RH-Ball ein Stopp**	**So schnell wie möglich ans Netz**
2 x cross 2 x longline	**Nur cross**	**Slice und Spin im Wechsel**
Nur defensiv spielen	**Jeden Ball möglichst druckvoll spielen**	**Nur longline**

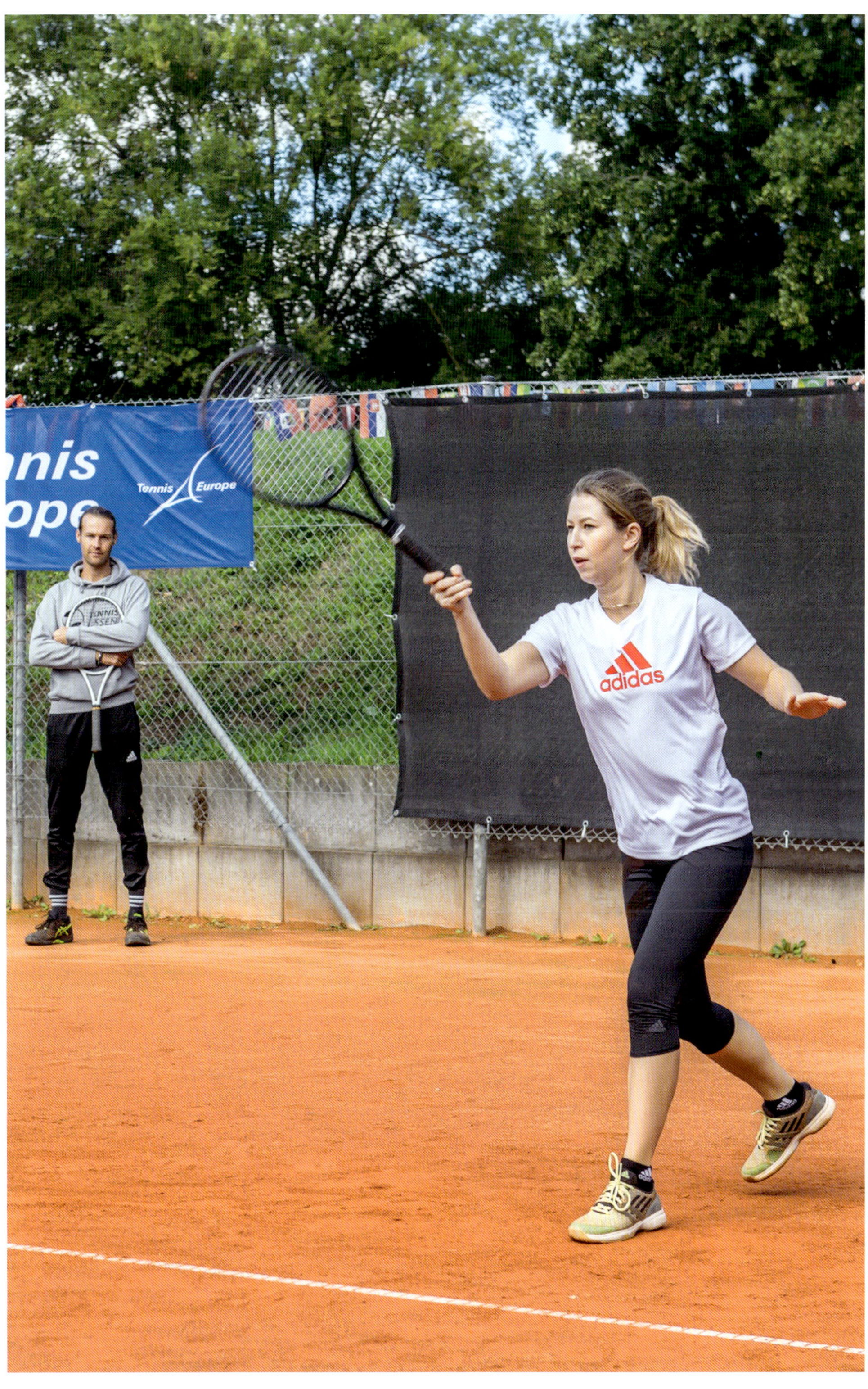
Tennis Europe
adidas

Training beobachten

Das eigene Training zu beobachten und zu analysieren, hilft enorm bei der eigenen Weiterentwicklung.

So ist es möglich, zu reflektieren und sich bewusst zu machen, woran man noch intensiver arbeiten muss. Manchmal verliert man den Fokus und ist sich dessen gar nicht bewusst.

Die Trainingsanalyse per Formular hilft dir dabei, deine Ziele zu verfolgen.
Jeder Spieler sollte nach seiner Trainingseinheit ein Trainingsformular ausfüllen.

Vorab klärt man, welcher Fokus im Training gesetzt wird.
Wenn man mit Trainer trainiert und sich nicht sicher ist: einfach fragen.

Am besten das Formular direkt nach dem Training ausfüllen, denn zu diesem Zeitpunkt sind die Informationen am ehrlichsten.

Kurz vor dem Training sollte das Niedergeschriebene erneut durchgelesen werden, um es ins Gedächtnis zu rufen.

Ziel ist nun, im Training die aufgeschriebenen Ziele zu optimieren und schließlich zu festigen.

Du kannst diese Trainingsanalyse als Druckvorlage downloaden. (Siehe Seite 12.)

Datum/Uhrzeit:										
Training mit Spieler/in:										
Training mit Trainer/in:										
Art des Trainings:	Matchbezogen			Anwerfen			Einzelne Situationen			
Fokus im Training auf:										
Intensität heute war bei 1 – 10	1	2	3	4	5	6	7	8	9	10
Was lief gut im Training?										
Was lief nicht so gut im Training?										
Skizze:										

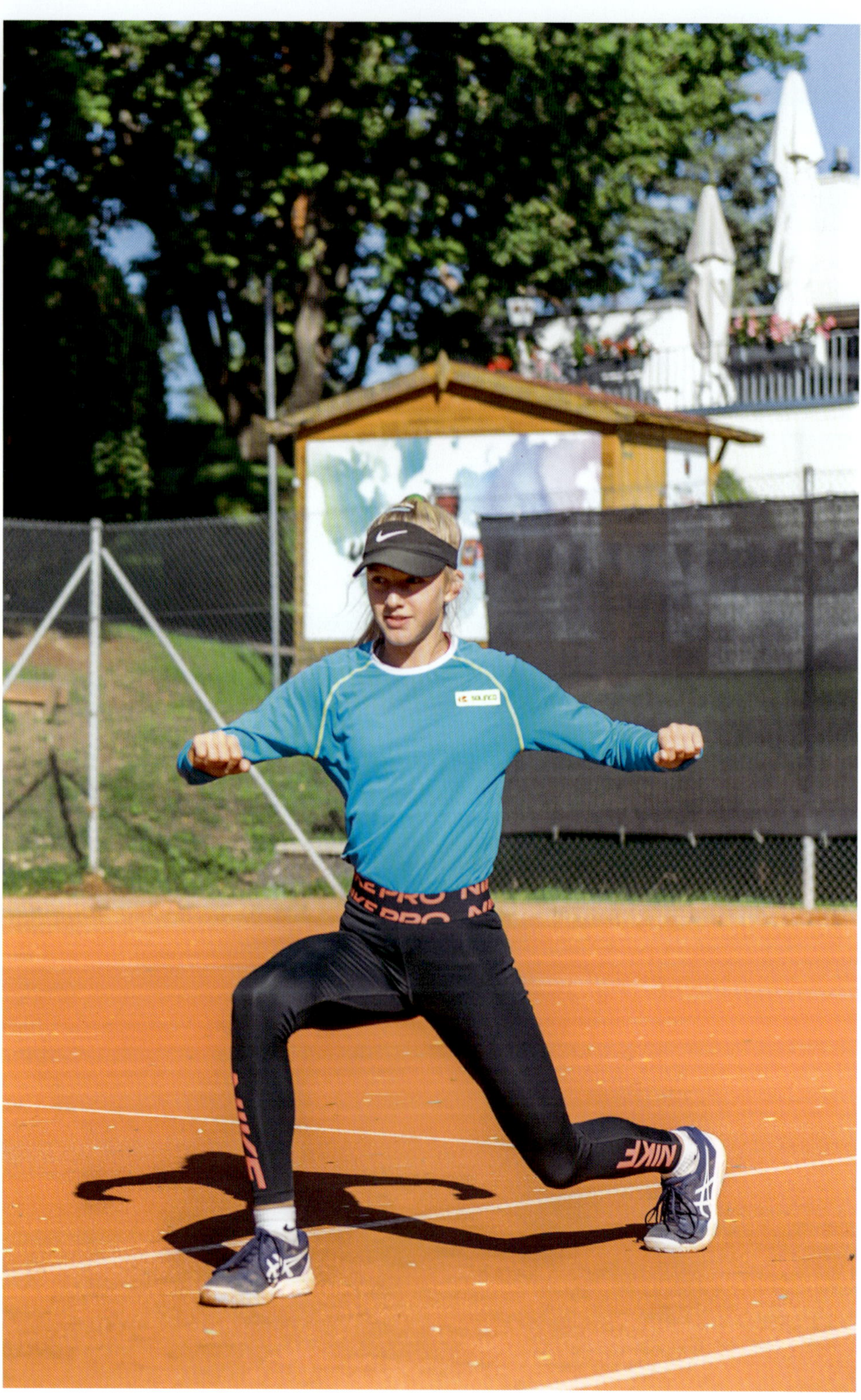
NIKE PRO
NIKE

Maximieren seines Potenzials

Wie kann man nun mit dem erlangten Wissen sein Potenzial maximieren?

- 1. Sich selbst beobachten und reflektieren.
  Verstehen, was man macht. Bewusst ansteuern und verbessern.

- 2. Hohe Intensität während Training und Wettkampf.
  Körperliche Anspannung und Belastung sowie stressige Situationen für Körper und Geist auf einem hohen Level halten, damit man später im Wettkampf diesen Zustand als „Standard“ wahrnimmt und sich auf das Spiel konzentrieren kann.

- 3. Standards setzen.
  Standardisierte Abläufe sind nicht so fehleranfällig und geben dem Spiel eine Basis.

- 4. Automatisieren.
  Fokus auf das Wesentliche.

- 5. Routinen schaffen.
  Einen geregelten Ablauf, beginnend mit der Planung, dem Warm-up bis hin zur Nachbereitung.

- 6. Mehr als Tennis.
  Zusätzlich zum Training auf dem Platz: Training abseits des Platzes, um sich mental und körperlich zu verbessern.

- 7. Bereit sein, Erfahrungen zu sammeln.
  Dokumentieren und analysieren.

FOKUS

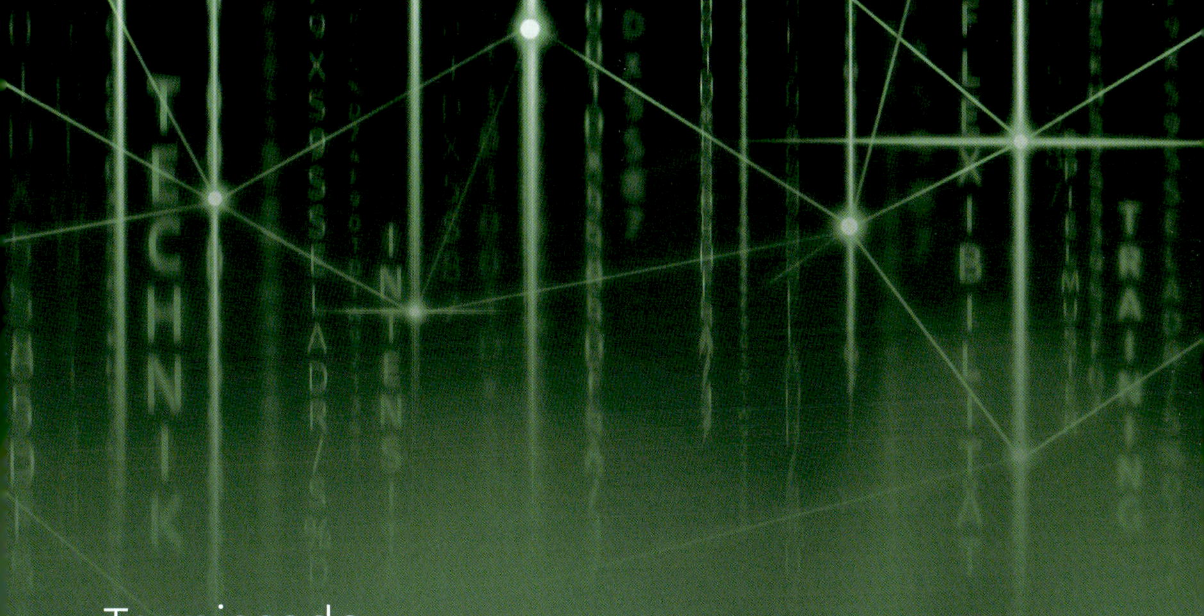

Tenniscode

Insider-Tipps von Coach Moritz

Ich habe während meiner Trainerlaufbahn die besten Tipps gesammelt, mit denen ihr sofort euer Tennisspiel verbessert! Es handelt sich um Hilfestellungen und Möglichkeiten, um Bewegungen zu optimieren.

Die effektivsten Tipps möchte ich gerne mit euch teilen.

Zielen wie die Profis

Die Genauigkeit stimmt nicht.
Vor allem beim Aufschlag ist dies oft der Fall und eben auch extrem wichtig.

Gehe hier ganz einfach wie beim Kalibrieren vor.
Nicht die gesamte Bewegung muss falsch sein, wenn es an einem Tag nicht klappt. Übertreibe mit den Richtungen wie links, rechts, vor und zurück, um das passende Ziel zu finden. Hast du dir beispielsweise vorgenommen, nach außen aufzuschlagen, und der Ball geht auf den Körper, dann ziele in den Doppelkorridor, bis du es schaffst, mehr Richtung nach außen zu bekommen.

Zu oft wird immer sofort an der Bewegung gearbeitet. Es heißt dann gleich, irgendetwas stimmt überhaupt nicht, und man ist dann verunsichert und geht zu schnell in die Basisarbeit zurück. Manchmal muss man aber einfach nur den Blick aufs Wesentliche richten und es einfach halten.

Mein Tipp, wenn es ums Zielen geht:

Zurück zum Ball. An welcher Stelle möchtest du den Ball treffen und was kommt dann dabei raus? Schaue das Ergebnis an und fange an zu justieren.

Wie lerne ich, mich zu fokussieren?

Oft bekomme ich die Frage gestellt, was man während des Spielens oder Trainings denken soll, um den Fokus zu behalten.

Eine gute Übung hierfür: mit einem Trainingspartner 100-mal übers Netz spielen.

Hier mein Tipp:
Wiederhole immer folgende drei Punkte in deinem Kopf und beobachte dann deine Bewegung.

1. Ball – 2. Richtung – 3. Bewegung (kontrollieren)
1. Ball – 2. Richtung – 3. Bewegung
1. Ball – 2. Richtung – 3. Bewegung
1. Ball – 2. Richtung – 3. Bewegung

Überprüfe auch nach mehreren geschlagenen Bällen, ob du noch an die Reihenfolge denkst.

1. Habe ich den Ball fokussiert?
2. Stimmt die Richtung des Balls?
3. Habe ich die Bewegung ausgeführt, die ich mir vorgenommen habe?

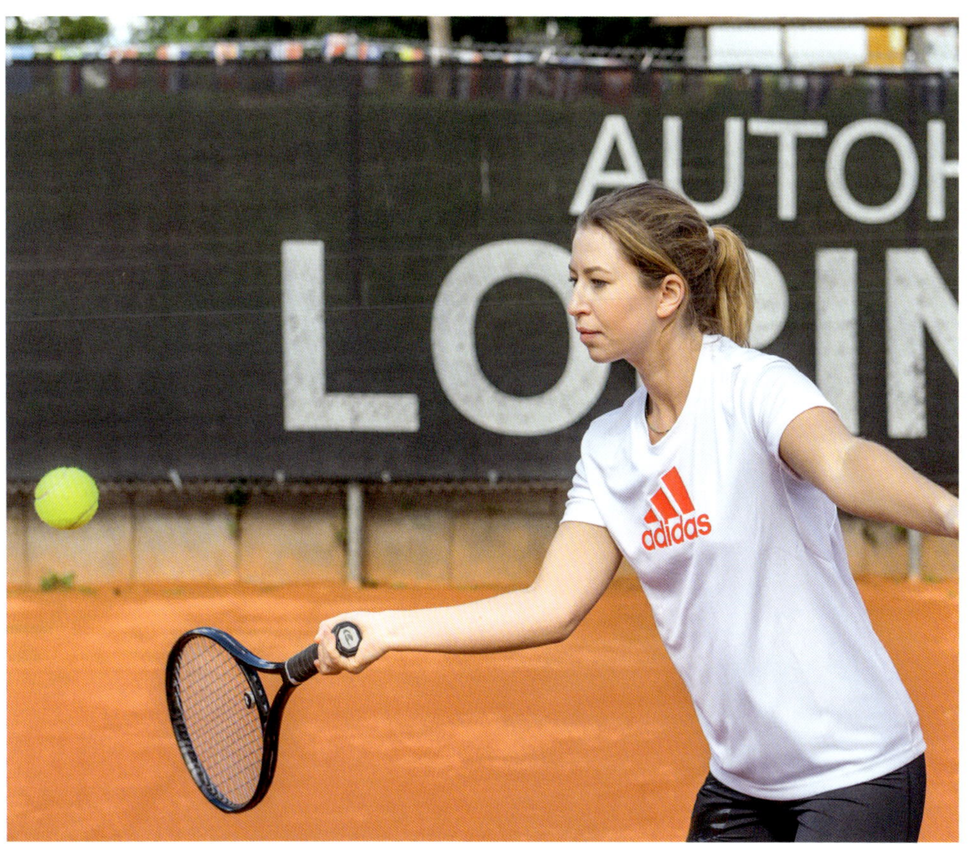

Übungen und Tipps

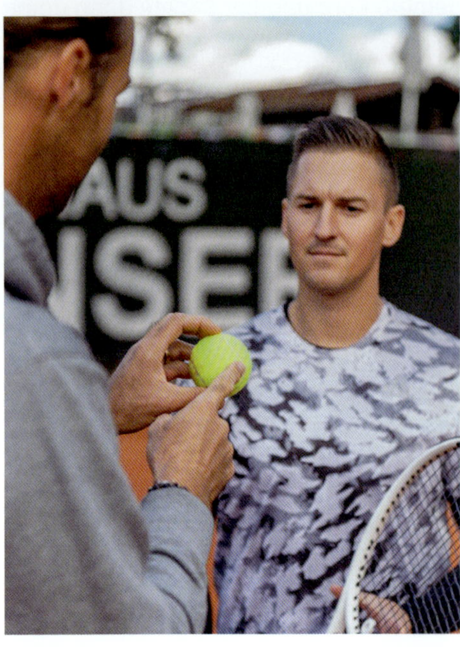

Übung: Rille des Balls anschauen

Dies ist mehr als nur eine Übung. Bei dieser Aufgabe liegt der Fokus darin, sich dauerhaft auf den Ball zu konzentrieren. Schaue, sobald der Ball ins Sichtfeld kommt, sprich auf dich zufliegt, auf die Rille (die Naht) des Balles. Mit einer guten Konzentration schafft man dies über einen längeren Zeitraum hinweg und verbessert somit den Fokus auf den Ball. Je öfter man dies in sein Training einbaut, desto geübter wird man. Auch im Wettkampf kann dies manchmal helfen, wieder Ruhe und Fokus in sein Spiel zu bringen.

Gleichgewicht

Tipp 1

Flamingo-Tennis auf dem nach vorne gestellten Bein

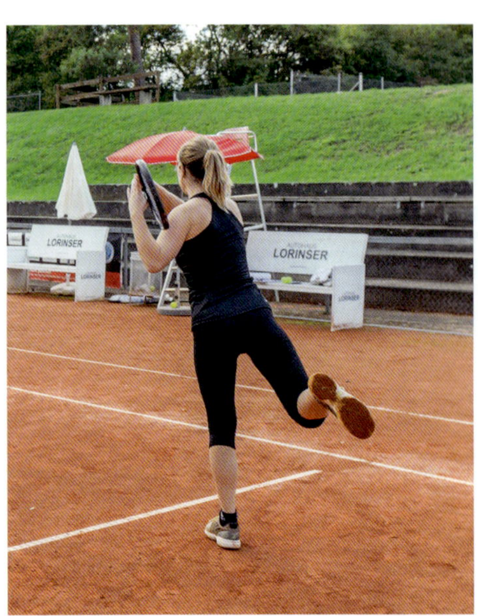

Spiele nur auf dem „vorderen Bein".

Versuche während des Schlages, das vordere Bein, also die geschlossene Schrittstellung, zu belasten.

Mindestens so lange, bis der Ball übers Netz ist, bestenfalls, bis der Ball auf der anderen Seite aufkommt.

Tipp 2

Flamingo-Tennis mit dem äußeren Bein

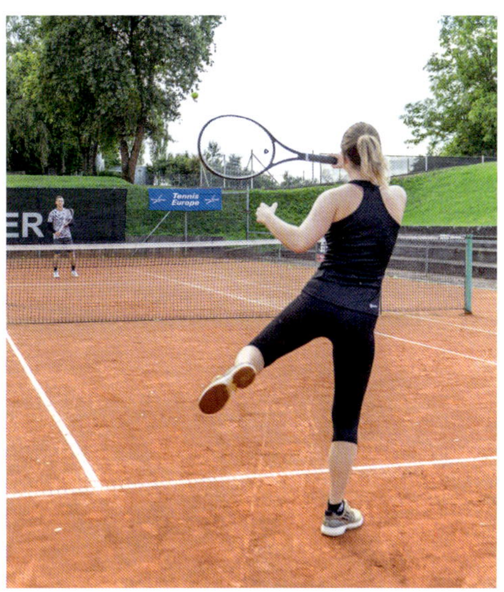

Spiele nur auf dem „äußeren Bein“.

Versuche während des Schlages, das nach außen gestellte Bein, also die offene Schrittstellung, zu belasten.

Mindestens so lange, bis der Ball übers Netz ist, bestenfalls, bis der Ball auf der anderen Seite aufkommt.

Tipp 3

Der Tipp zur optimalen Belastung während und nach dem Schlag

Geschlossene Schrittstellung:

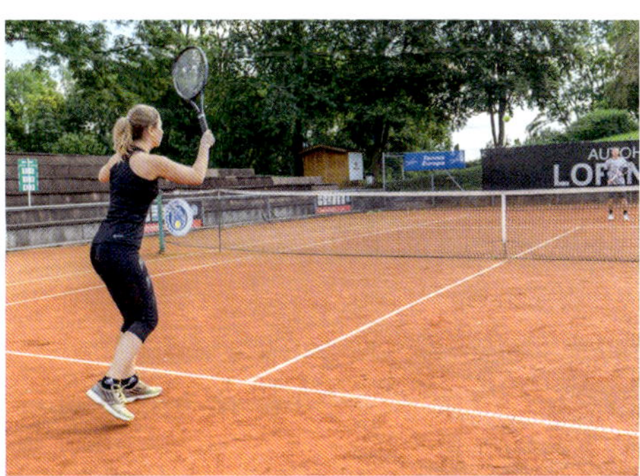

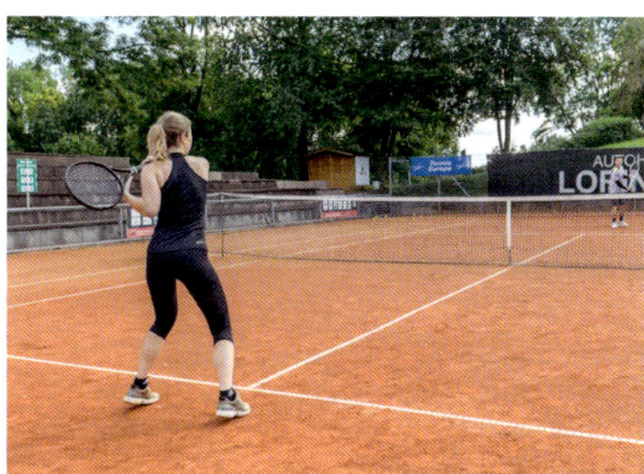

Versuche, während des Schlages 80–100 % des Gewichts auf das Schlagbein zu legen. Nach dem Schlag wird der zweite Fuß so gesetzt, dass die Fußspitzen nach vorne zeigen. Nun haben beide Beine eine Belastungsverteilung von 50 % auf dem einen Bein und 50 % auf dem anderen Bein. Beide Füße können jetzt mit maximaler Kraftverteilung von der Stelle in die nächste Position gelangen.

Diese Übung funktioniert sowohl bei der geschlossenen Schrittstellung (siehe Bildreihe Seite 83 unten) als auch bei der offenen Schrittstellung.

Offene Schrittstellung:

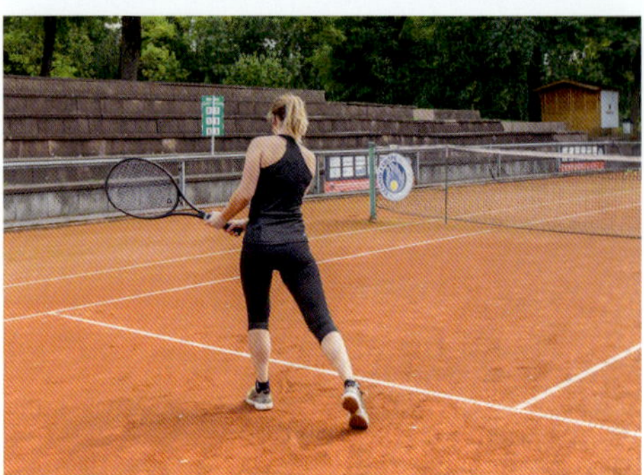

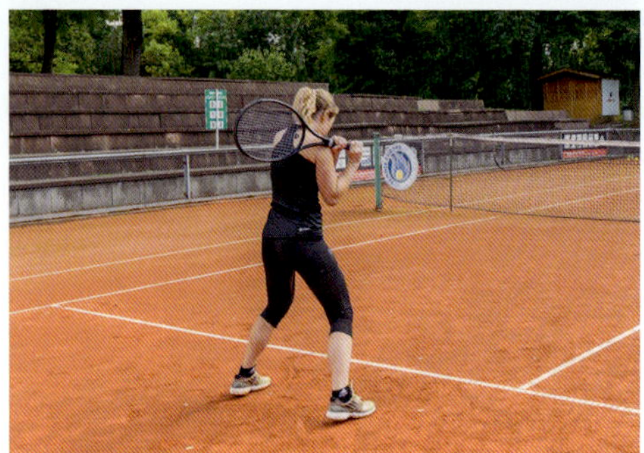

Tipp 4
Barfuß-Tennis

Habt ihr das schon einmal ausprobiert?

Wenn nein, dann probiert dies doch einmal aus. Vielleicht am Ende einer Trainingseinheit.

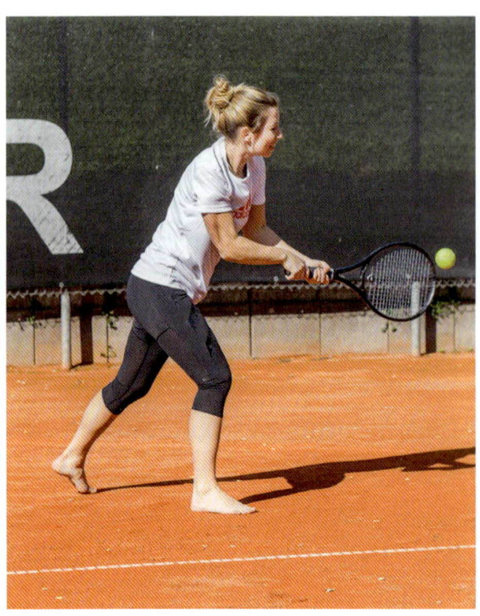

Für den Spieler auf Sand oder Teppich mit Granulat, der oft unnötig zum Schlag rutscht, ist dies eine ideale Möglichkeit, seine Stabilität während des Schlages zu verbessern. Da es barfuß meist unangenehm ist, auf der Fußsohle zu rutschen, nutzt man viele kleine Schritte, um sowohl das Gleichgewicht als auch den Abstand zum Ball zu verbessern.

Spätestens nach dieser Übung hat man wieder seinen Fokus auf der Beinarbeit, da man jeden Schritt bewusst spürt.

Bewegungshorizont erweitern

Diese leichten Übungen sind für jedes Spiellevel geeignet. Sie legen den Fokus auf etwas anderes und helfen beim Erlernen oder Lockern der Bewegung. Diese „Eselsbrücken" überlisten den Körper, um bewusste Bewegungen auszuüben, die zu optimierter Schlagbewegung führen.

Tipp 1

Hop Top

Hier handelt es sich um eine Rhythmusübung. Beim Aufspringen des Balles sagt man sich leise bzw. im Kopf „Hop" und beim Schlagen des Balles „Top". Bei dieser Übung wird nicht nur das Einschätzen des Balles gut trainiert, sondern sie hilft auch, die passende Gleichmäßigkeit in die Schlagbewegung zu bekommen.

Tipp: Ideal auch für Erwachsene, wenn es darum geht, wieder in den Schlag zu kommen, wie beispielsweise beim Wechsel von der Wintersaison in der Halle zur Sommersaison hinaus auf die Außenplätze mit Sand.

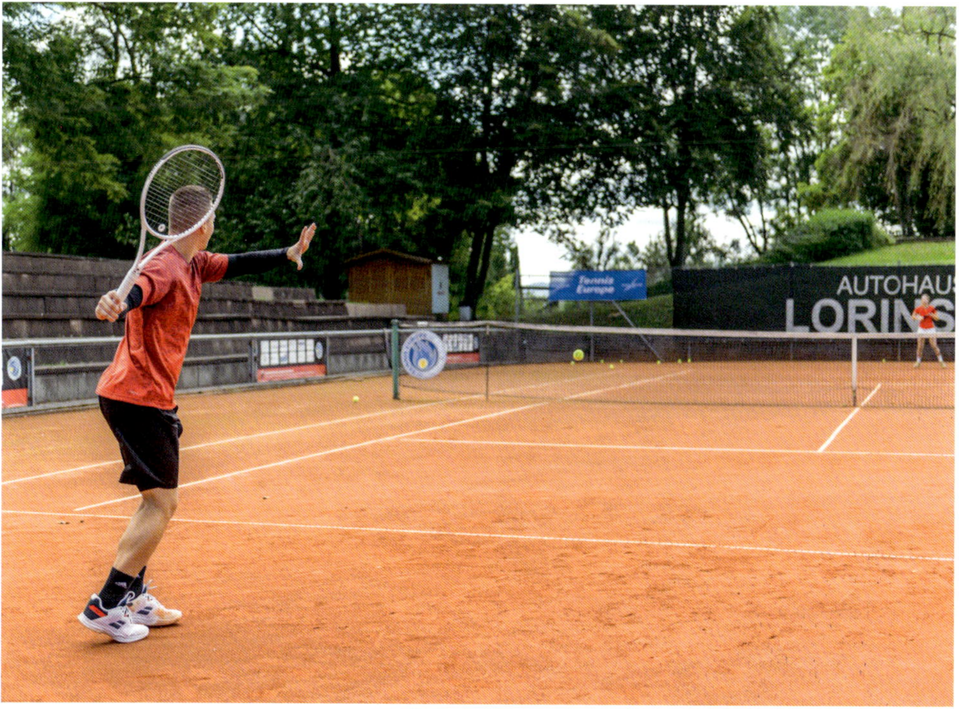

Tipp 2

Schläger wie einen Blumenstrauß halten

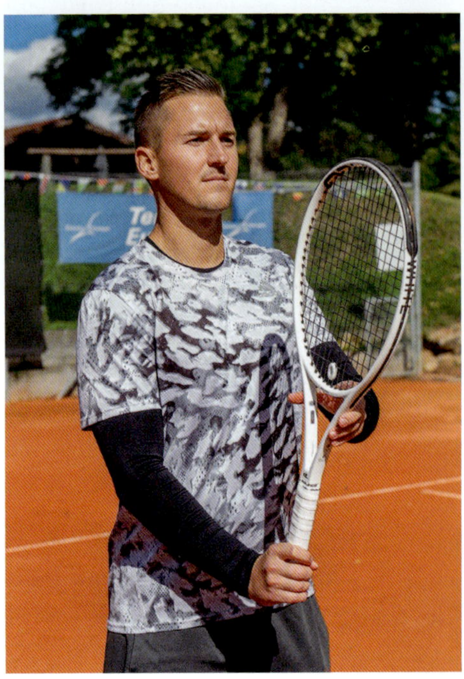

Für die fehlende Körperspannung und die schnellere Vorbereitung auf den kommenden Schlag ist diese Übung ideal. Nach jedem geschlagenen Ball wird der Schläger nicht frei geschleudert, sondern schnellstmöglich vor den Körper gehalten. Das Bild eines „Blumenstraußes" vor Augen hilft, dass der Schlägerkopf nach oben zeigt und der Schläger mit der nötigen Spannung gehalten wird.

Einfach ausprobieren. Dieser kleine Trick hilft enorm, dank der richtigen Ausgangsposition des Schlägers einen stabileren Schlag zu erlangen.

Tipp 3

Drehen des Griffes mit den Händen in der Ausgangsposition

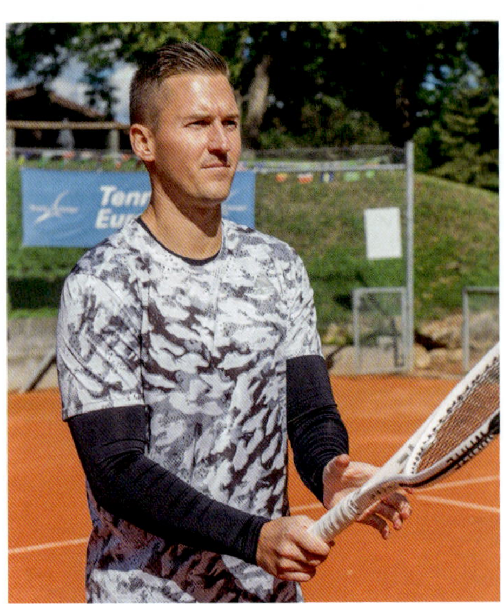

Um den Schläger nicht zu verkrampft zu halten, ist dieser Tipp eine großartige Möglichkeit, locker zu bleiben.

Durch das Drehen des Griffes mit beiden Händen spürt man die „Kanten" und bleibt in der Griffhaltung für den kommenden Schlag flexibel. Zusätzlich zeigt diese Übung auch, wie viel Zeit man für solche „Nebenaktionen" hat.

Tipp 4
Schläger hochwerfen und fangen

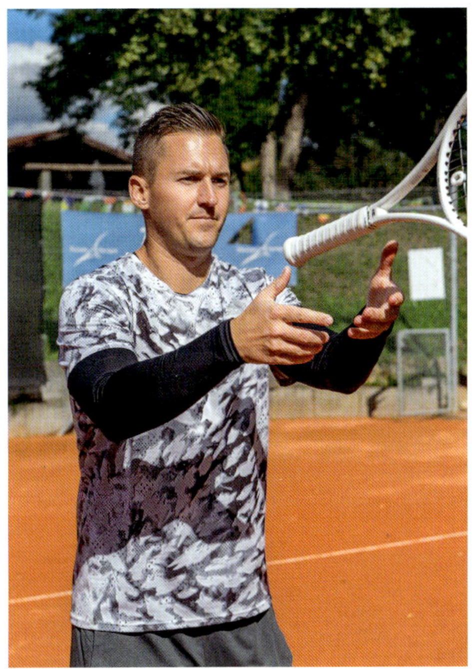

Noch lockerer wird man, wenn diese Übung angewendet wird. Hier wird neben der Lockerheit auch die Koordination beansprucht. Kann man dies in seinen Ablauf einbauen, ist man später auch in der Lage, den Schläger schnell vor den Körper zu halten. Durch das Auffangen wird man gezwungen, seinen Griff flexibel dem kommenden Schlag anzupassen.

Eine Steigerung wäre das Drehen des Schlägers in der Luft. Spaßige Übung nicht nur für Kinder!

Tipp 5
Schläger vor den Körper halten und wackeln

Dieser Trick lässt sich auch unauffällig mal einbauen. Ein Spannungsaufbau im Körper wird durch das „Wackeln" des Schlägers vor dem Körper erzeugt. Auch hier geht es um die Vorbereitung auf den kommenden Schlag.

Tipp 6
Schläger nach jedem Schlag durch die Beine

Ein passendes Zeitmanagement für seinen Schlag sowie eine gute Koordination sind in dieser Übung gefragt. Auch hier ist der Effekt erstaunlich, wie viel Zeit man nach dieser Übung für seine eigentliche Schlagbewegung hat.

Tipp 7

Auffangen des Schlägers nach dem Schwung am Schlägerdreieck

Die „schwache" Hand, sprich bei einem Rechtshänder die linke Hand, wird bei der Ausführung der Schläge oft unterschätzt. Bei dieser Übung geht es nicht nur um etwas Technisches. Es ist eine Aufgabe für die Koordination und Spannung während der Schlagausführung. Die linke Hand muss den Schläger nach dem Schlag am Dreieck halten. Dies bedeutet auch, dass man den Schwung nicht losgelöst auf die Hand knallen lässt. Hier wird eine bewusste Bewegung angestrebt, die durch diesen Tipp kontrolliert werden kann.

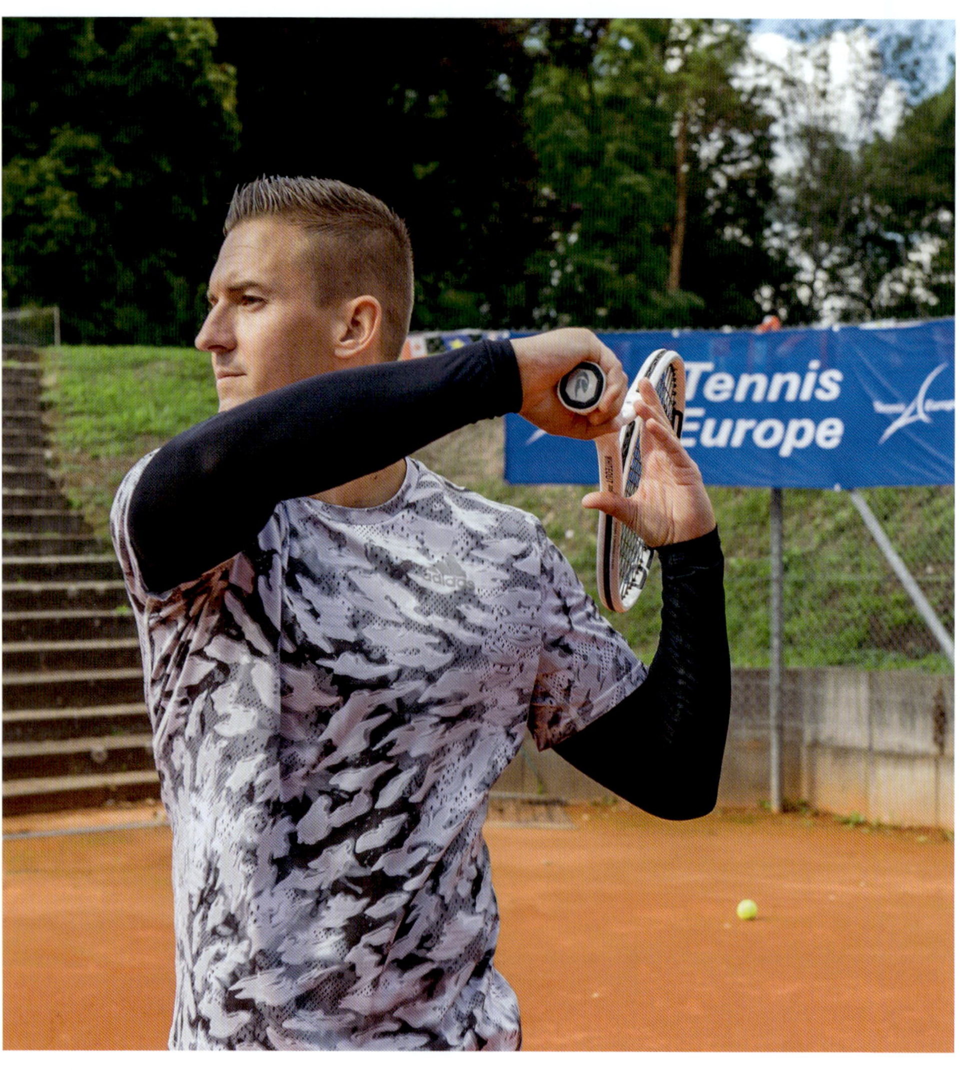

Tipp 8

Bewusstes Belasten der Beine

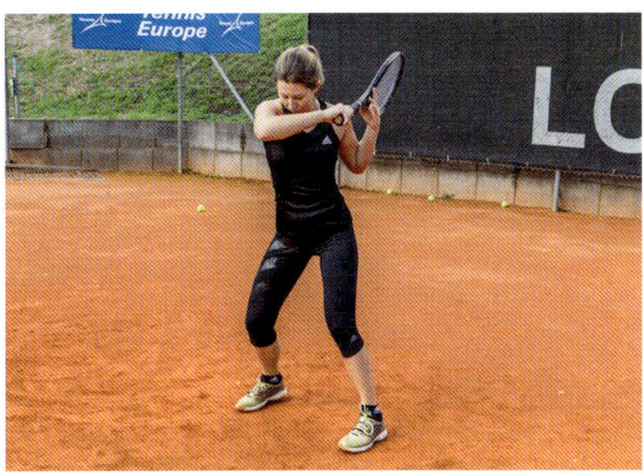

Für das Gleichgewicht und das bewusste Einsetzen der Beine ist diese Übung einfach, aber effektiv.

Beim Schlag wird eines der beiden Beine so lange belastet, bis der Ball über das Netz fliegt.

Tipp 9

Nach dem Schlag stehen bleiben und kurz innehalten

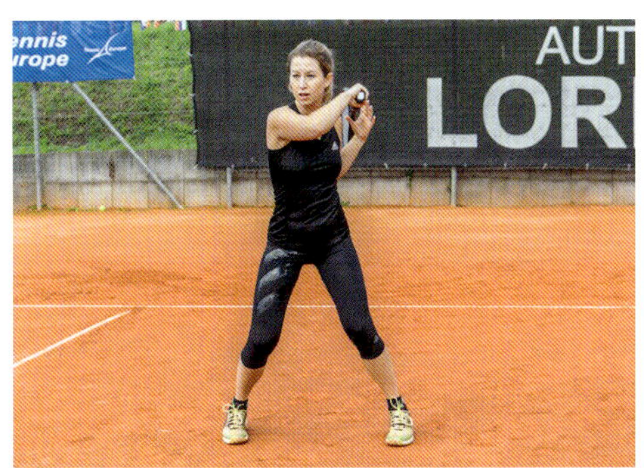

Um zu überprüfen, was man gerade gemacht hat, ist es eine gute Übung, wie „eingefroren" nach der Bewegung stehen zu bleiben und in sich zu spüren.

Dies verhindert, dass das Gleichgewicht während des Schlages verloren geht.

Tipp 10

Endposition des Schlägers anschauen

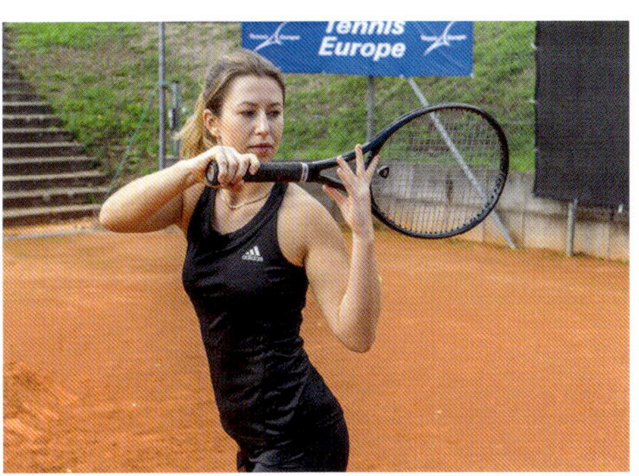

Direkt nach dem Schlag zu schauen, wo der Schläger ist, zeigt, wie der Schlag war.

So lässt sich schnell erkennen, ob die Bewegung so ausgeführt wurde, wie man es sich vorgenommen hat.

Vorhand

Tipp 1

Die Schlägerfläche zeigt beim Ausholen zur Seite.

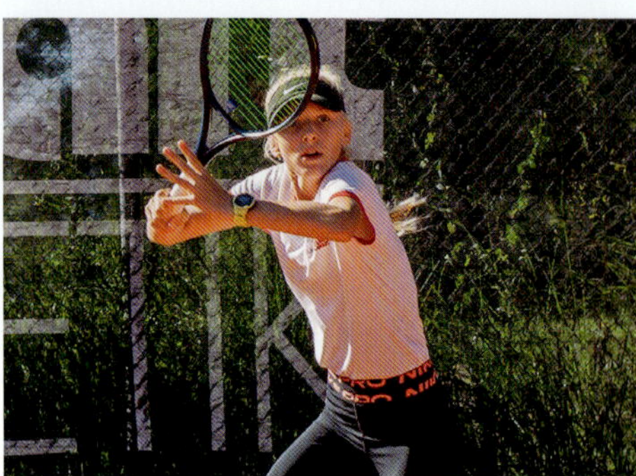

Beide Hände sind während der Bewegung neben dem Körper. Der Schläger ist leicht angewinkelt, und die linke Hand führt den Schläger bis kurz vor der Schlagaktion.

Tipp 2

Linke Hand kurz vor dem Schlag nach oben nehmen.

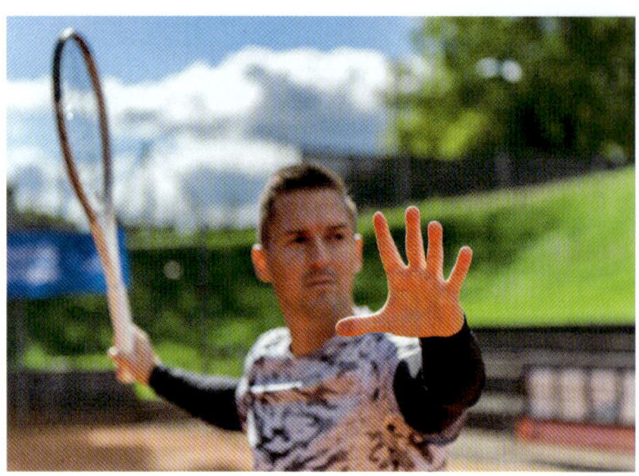

Dieser Tipp ist gut, um mehr Körperspannung für den Schlag aufzubauen. Damit entsteht auch automatisch mehr Platz für den rechten Arm zum Schwingen. Man kommt besser mit dem Schläger unter den Ball.

Tipp 3

Nach dem Schlag den Ellenbogen mit hochnehmen.

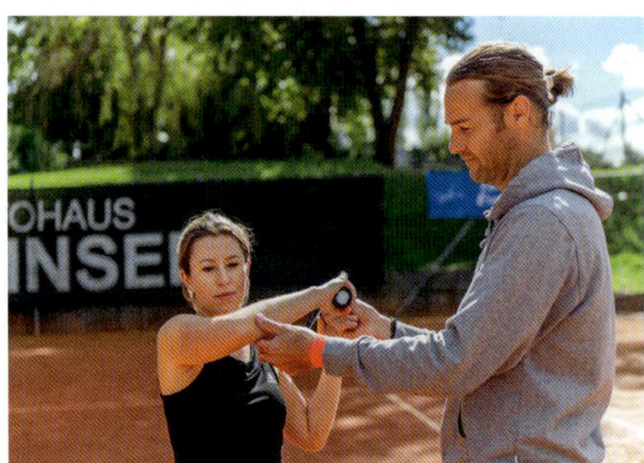

Dies hilft bei der Ausübung eines sauberen Schwunges. Zusätzlich wird mit dieser Aktion der Schlag durch das Körpergewicht unterstützt, um besser hinter den Schläger zu kommen.

Rückhand – beidhändig

Tipp 1

Beide Hände als eine Einheit nutzen.

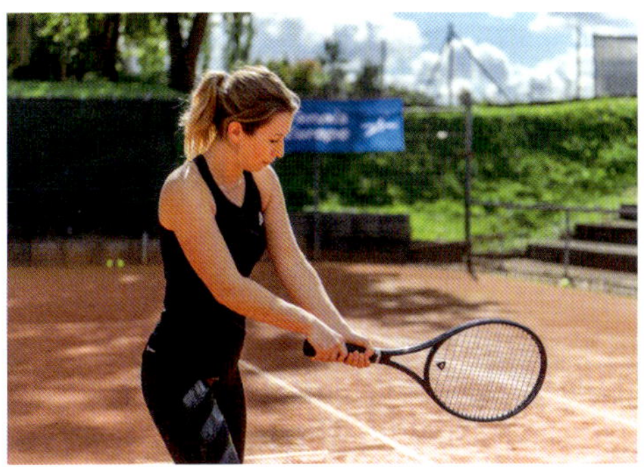

Dies verhindert ein Abklappen des Handgelenkes auf die Seite während der Schlagbewegung.

Tipp 2

Schläger schon geschlossen auf die Schlaglinie bringen.

Je schneller sich der Schläger geschlossen, sprich mit der Fläche nach unten zeigend, auf der Schlaglinie befindet, desto einfacher ist es, unter den Ball zu kommen.

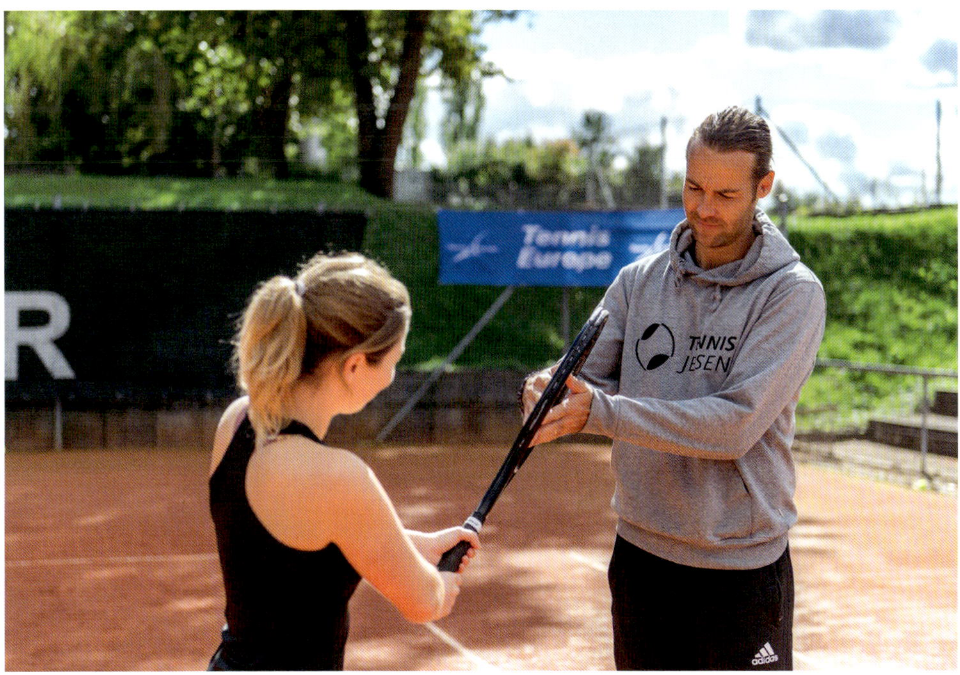

Rückhand – einhändig

Tipp 1

Schläger vorab am Schlägerdreieck führen.

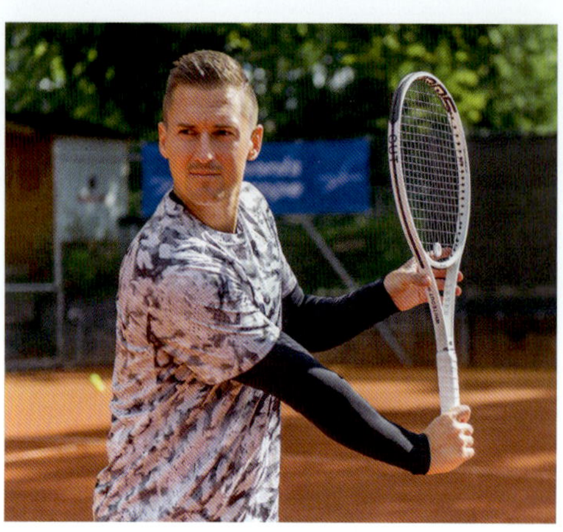

Zur optimalen Vorbereitung auf den Schlag ist es ein guter Tipp, den Schläger am Dreieck zu führen. Dies leitet nicht nur die passende Griffhaltung ein, sondern gibt auch Stabilität in der Rotation des Oberkörpers durch das kompakte Halten beider Hände am Schläger.
Stabilität ist wichtig, damit der einzelne Arm eine passende Führung mit dem Schläger durch den Ball hat.

Tipp 2

Der Handrücken zeigt so lange es geht dem Schlag hinterher.

Denkt man an das Werfen eines Frisbees ist es natürlich, dass der Handrücken lange in die Richtung der Scheibe zeigt. Dieser Tipp ist auch bei der einhändigen Rückhand eine gute Möglichkeit, lange auf der Schlaglinie zu bleiben und so die Flugkurve besser zu kontrollieren.

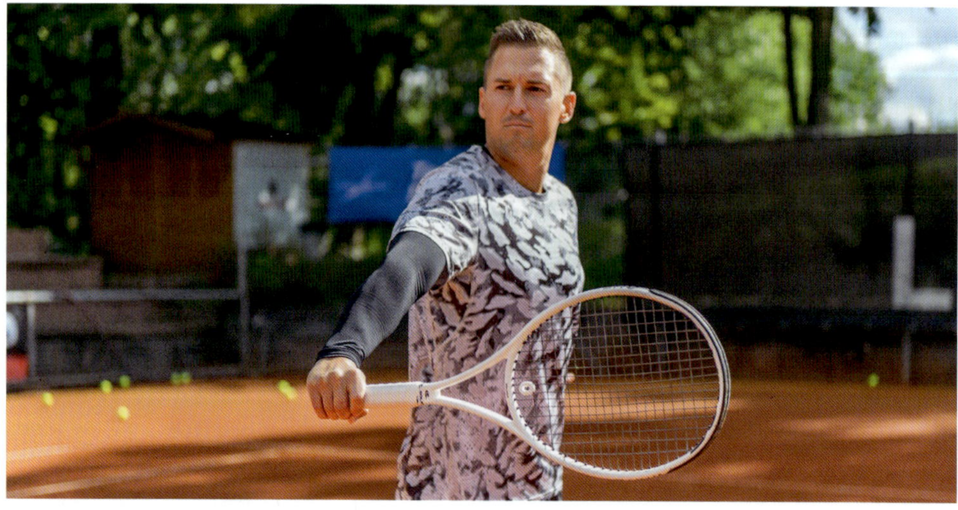

Aufschlag

Tipp 1

Eistüte oder Palme?

Nach dem Hochwerfen den Arm kurz oben halten.
Das kurze Halten ermöglicht wie immer eine Kontrolle der Bewegung und einen Spannungsaufbau in der Muskulatur. Die Hand sieht entweder wie eine „Palme" oder wie beim Halten einer „Eistüte" aus.

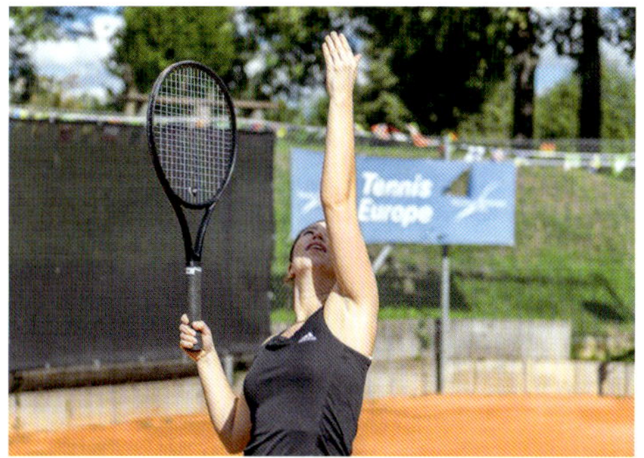

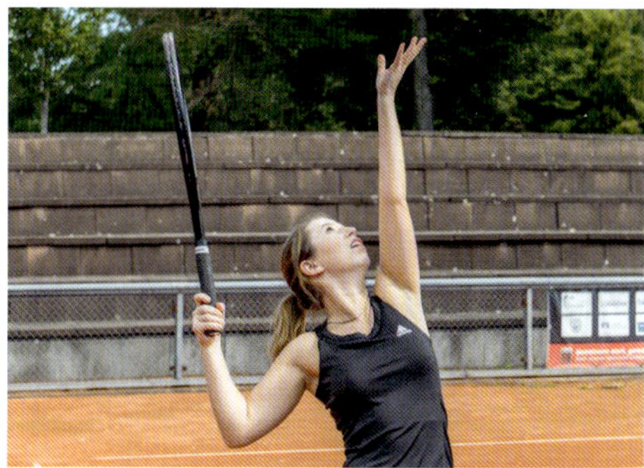

Tipp 2

Stehen bleiben beim Aufschlag.

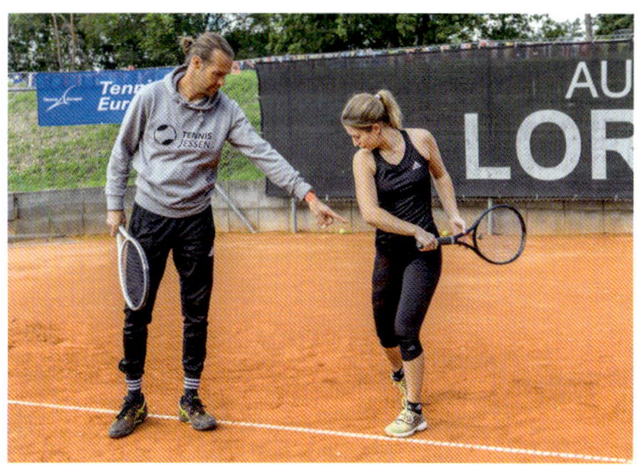

In diesem Tipp geht es darum, den Körper ruhig zu halten und sich auf den Arm zu konzentrieren. Nur die Hüfte wird leicht gedreht und das hintere Bein auf die Zehenspitze gestellt.

Tipp 3

Nicht in die Knie gehen, sondern leicht auf die Zehnspitzen.

Hier versuchen wir beim Aufschlag, die Energie aus dem Sprunggelenk zu generieren. Anstatt in die Knie zu gehen, versuchen wir durch das Abdrücken beider Zehenspitzen, den Körper nach oben und vorne in den Ball zu drücken.

Tipp 4

Schläger muss von hinten kommen.

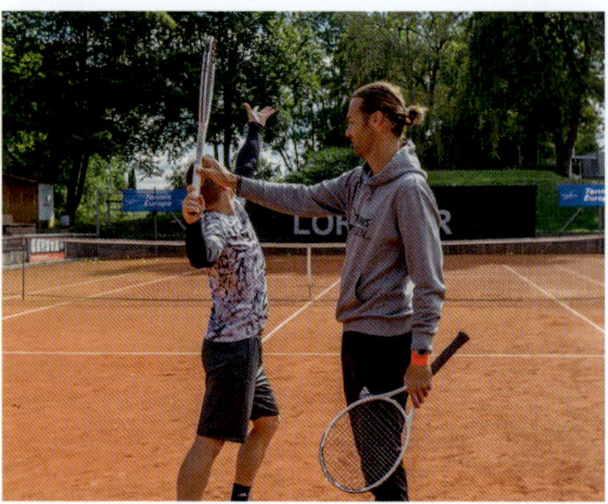

Oft wird vergessen, dass der Aufschlag eine Schlagbewegung über der Höhe der Schulter ist. Wie beim Ausholen muss der Schläger von hinten nach vorne kommen.

Tipp 5

Ellenbogen leicht anwinkeln.

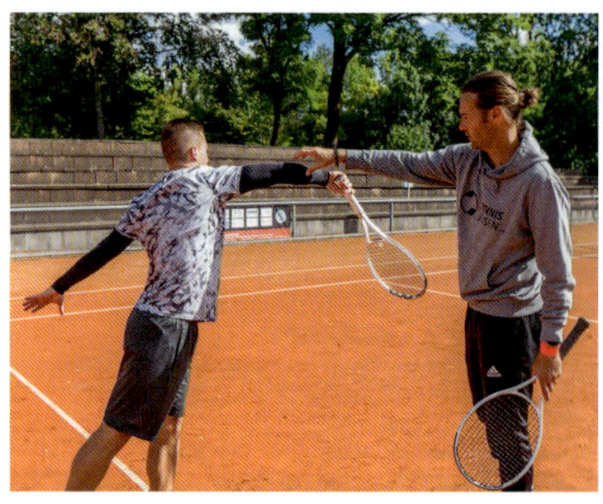

Viele vermissen die Power in ihrem Aufschlag. Ein Tipp hierfür ist das leichte Anwinkeln des Ellenbogens. Hier kommt die Power aus dem Schlag.

Tipp 6

Schläger so lange es geht auf der Schlaglinie lassen.

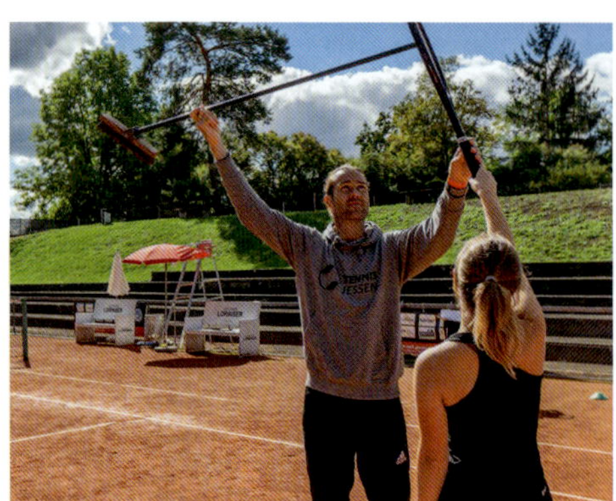

Für einen in der Mitte des Schlägers getroffenen Ball und die damit beste Kraftübertragung sollte man die Fläche des Schlägers möglichst lang auf der Schlaglinie halten.

Tipp 7

Kopf und Auge am Treffpunkt lassen.

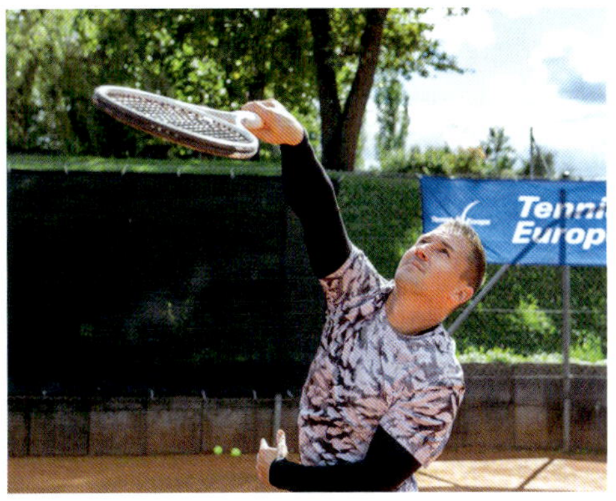

Ein Tipp, der oftmals Wunder bewirkt. Viele Spieler nehmen den Kopf zu früh nach vorne. Dies hat zur Folge, dass sich der ganze Körper frühzeitig mitdreht und die Auswirkung des Armes zum Ball passt. Ein leichter Tipp mit enormer Wirkung: Versuche, dich in dieser Übung rein auf dein Gefühl zu verlassen. Schaue erst auf das Ergebnis, wenn du glaubst, dass der Ball übers Netz geflogen ist.

Tipp 8

Schläger neben der Hüfte auffangen.

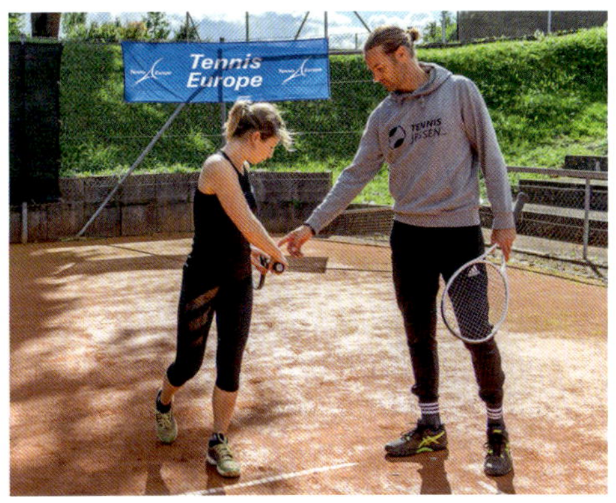

Eine leichte Lösung, um der Bewegung einen Rahmen zu geben, ist das Ende der Aktion zu kontrollieren. Fängt man den Schläger neben der Hüfte nach dem Aufschlag auf, ist es eine einfache „Eselsbrücke", um die natürliche Wurf- und Schlagbewegung zu unterstützen.

Tipp 9

Schläger zu Beginn gerade stellen.

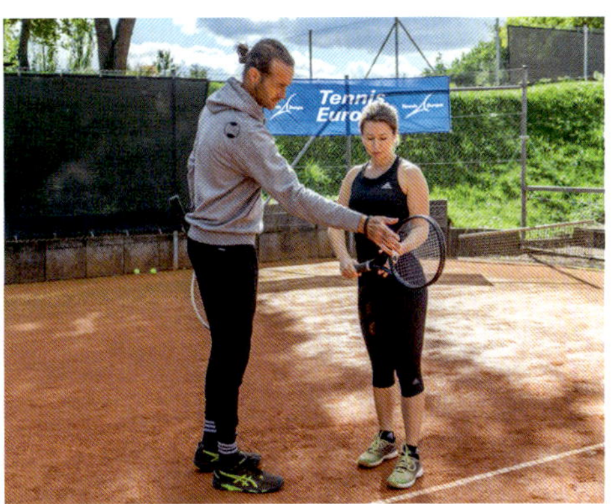

Hier stützen wir uns auf die Erfahrung, dass eine Anfangsbewegung auch eine Gegenbewegung erzeugt. Wenn der Schläger am Anfang der Bewegung gerade neben dem Körper steht, geht auch die Bewegung nach vorne natürlicher durch den Ball.

Tipp 10

Griff beim Aufschlag halten, als würde man jemandem die Hand geben.

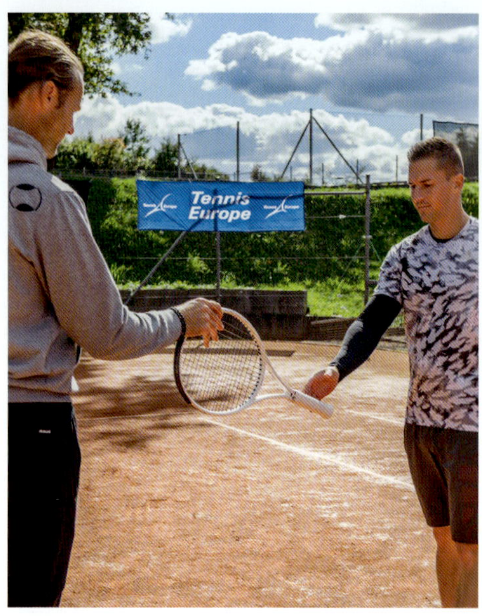

Der Griff ist oftmals eine individuelle Sache. Doch um das Handgelenk locker einzusetzen, ist es einfacher, wenn der Zeigefinger leicht nach vorne zeigt. Dann ist es möglich, die Sehne am Unterarm leichter anzusteuern und das Handgelenk abzuklappen. Hält man den Schläger mit einem Hammergriff ist das erste Kettenglied vom Schläger ausgehend steif und damit auch in der gesamten Bewegungskette verkrampfter. Je lockerer die Kettenglieder arbeiten, desto mehr Energie wird frei. Leicht umzusetzen mit einem spürbaren Effekt.

Tipp 11

Schlägerspitze nach dem Schlag von oben vor den vorderen Fuß auf den Boden setzen.

Eine gute Übung für die Stabilität, den Schlag nach vorne und eine natürliche Bewegung ohne einen gestreckten Arm.

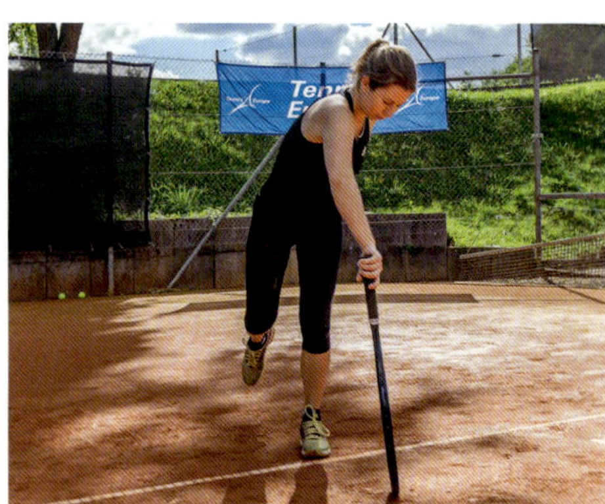

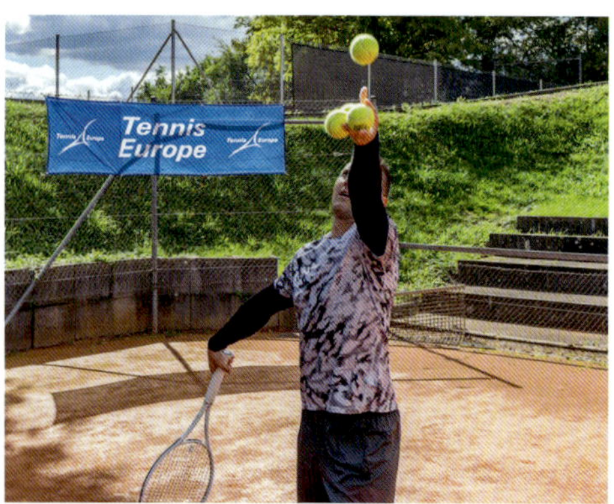

Tipp 12

Übe mit mehreren Bällen in der Hand, den Ball hochzuwerfen und aufzuschlagen. Es ist besser, aus den Fingern und nicht aus der ganzen Hand zu werfen.

Volley

Tipp 1

Schläger und Ball gleichzeitig sehen.

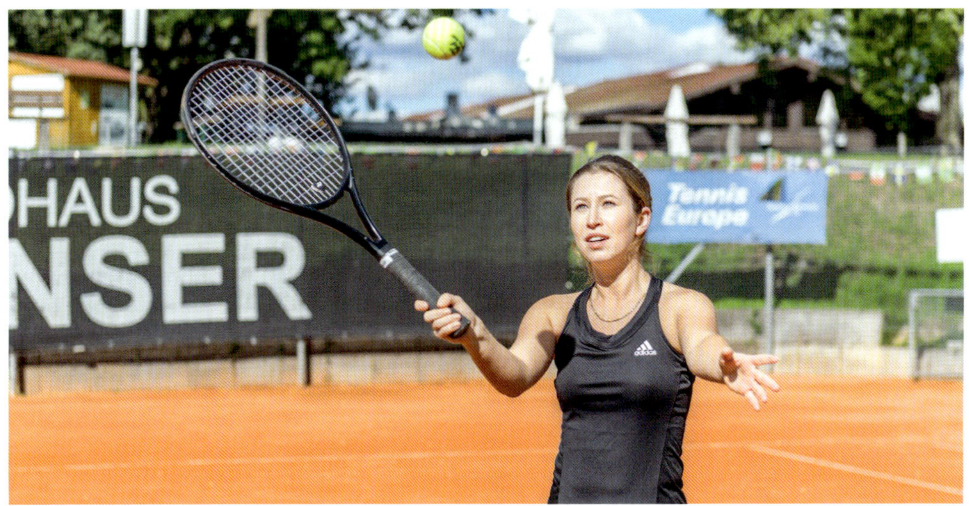

Ist es möglich, in der Übung den Ball und den Schläger gleichzeitig zu sehen, werden die Volleys stabiler in der Ausführung. Dieser Tipp ist abgeleitet von der Erkenntnis aus dem Fangen eines Balles. Das Gehirn kann den Ball und die Hand beim Fangen besser koordinieren, wenn das Auge beide Punkte sehen kann. So ist es dann auch beim Volley.

Tipp 2

Volley aus dem Schritt spielen und nicht aus dem Arm.

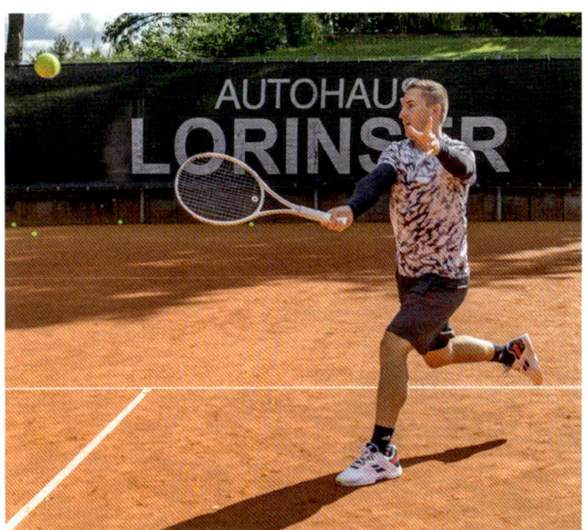

Hier unterstützt der Schritt während des Flugballes den Schlag. Der Körper kann durch den Schub den Arm, der beim Volley als „Stoßdämpfer“ agiert, unterstützen.

Tipp 3

Schlaglinie halten.

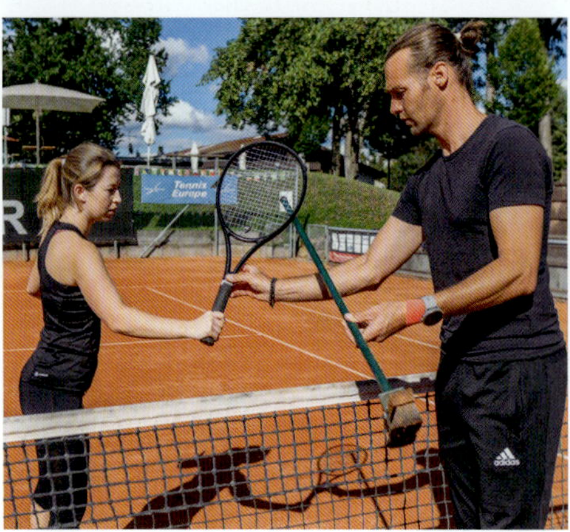

Wie bei allen Schlägen kann man auch hier sich bildlich die Schlaglinie vorstellen. Bleibt der Schläger länger auf der Linie, wird der Schlag stabiler. Als Übung kann man nach dem Schlag auch die Schlägerfläche auf dem Netz ablegen.

Tipp 4

Schlägerspitze zeigt nach dem Schlag zum passenden Netzpfosten.

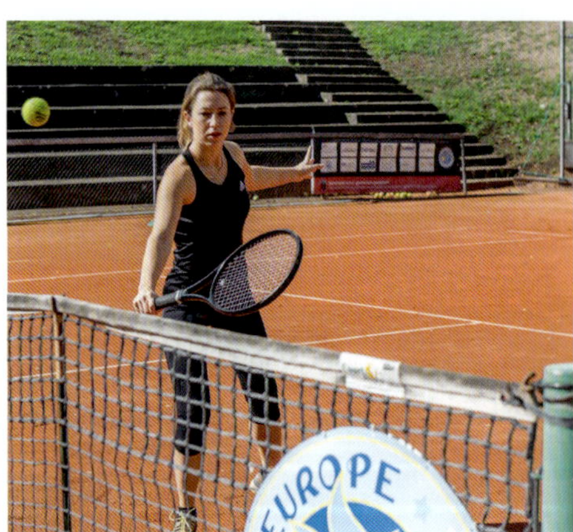

Mit diesem Tipp erlangt man mehr Stabilität während des Schlags und ebenso mehr Führung auf der Schlaglinie. Die Spitze des Schlägers zeigt in die Richtung des entsprechenden Netzpfostens. Beim Schlag auf der linken Seite zeigt sie zum linken Netzpfosten, und beim Schlag auf der rechten Seite zeigt sie zum rechten Netzpfosten.

Angriffsschlag

Häufig passiert es, dass man zu einem Ball im Halbfeld hinläuft und diesen dann viel zu unkontrolliert ins Aus spielt. Der Grund hierfür ist der „doppelte“ Schwung. Zum einen kommt Schwung aus der Laufbewegung, zum anderen vom Ausholen des Schlägers.

Hier habe ich folgenden Tipp für euch:
Entweder versucht ihr, hinzulaufen und vor dem Schlag abzubremsen. Das bedeutet, ihr kommt erst zum Stehen und schlagt anschließend den Ball.

Oder ihr lauft mit eurem Schwung durch den Ball, verkürzt dann aber die Ausholbewegung auf ein Minimum. Ähnlich wie beim Returnieren eines Aufschlages, bei dem man versucht, seinen Körper zum Ball zu bringen. Dort wird auch nur leicht mit dem Schläger geblockt und dann die Schlägerfläche mit der Körperbewegung nach vorne begleitet.

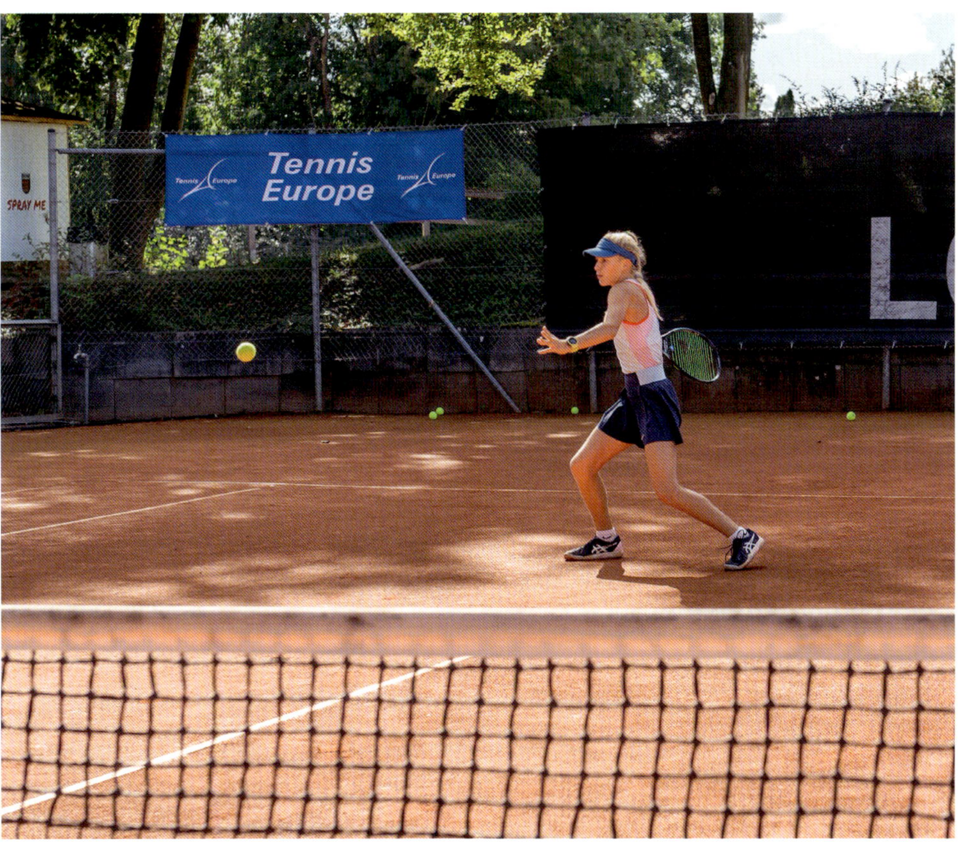

Return

Tipp 1

Beim Schlag den Schläger über die Höhe des Netzes heben.

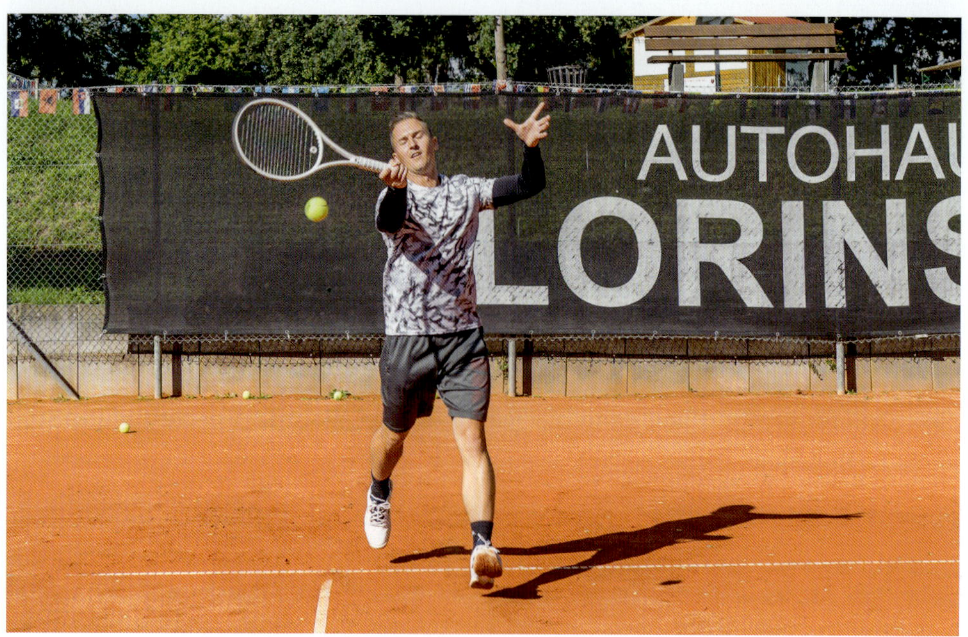

Wenn der Schlag beim Return ins Netz geht, hilft oftmals der Tipp, die Fläche während der Schlagaktion so weit nach oben zu führen, bis sie die Höhe des Netzes erreicht hat. Dies verhindert das zu schnelle Schwingen auf die Seite. Bei erhöhter Geschwindigkeit kann dieser Tipp die blockende Schlägerbewegung unterstützen und damit den Return übers Netz bringen.

Tipp 2

Den Ball anlaufen.

Denkt an die Laufbewegung eines V (siehe Seite 38).
Es ist einfache Physik: Der Aufprall des Balles auf einen ruhenden Gegenstand (in diesem Fall der Spieler) ist heftiger als auf einen bewegten Gegenstand. Daher nähern wir uns dem Ball mit Schritten an. Nach dem Split Step entscheiden wir uns für die Richtung zum Ball und returnieren.

Dabei spielt es keine Rolle, an welcher Position im Feld wir zum Return starten.

Tipp 3

Die Startposition muss nicht immer an der Linie sein.

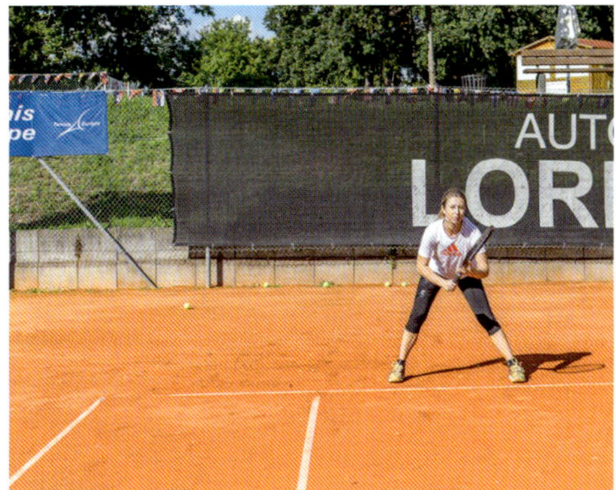

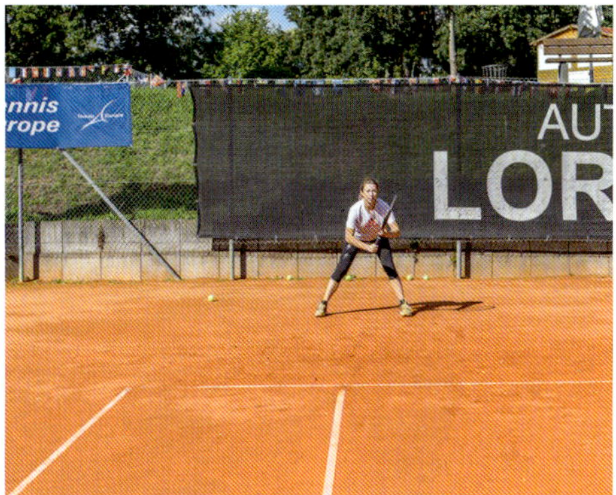

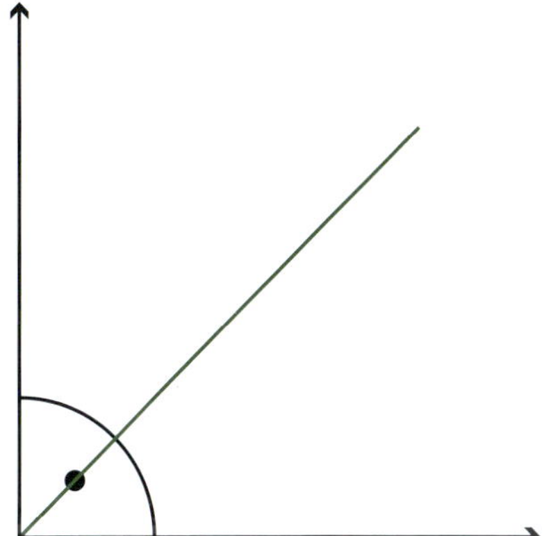

Denkt an die Winkelhalbierende.
Die Winkelhalbierende beim Tennis definiert die Position des Spielers, der sich zum Zeitpunkt des Schlages seines Gegenübers genau in der Mitte des möglichen Schlagwinkels befindet.

Optimale Position nahe dem Eck zum Doppelkorridor. Nicht eine Position auf der Hälfte des Aufschlagfeldes.

Tipp 4

Den Ball bereits beim Hochwerfen des Aufschlägers anschauen.

Meistens versucht man, erst den Ball zu fokussieren, nachdem der Gegner ihn getroffen hat. Mein Tipp wäre es, den Ball anzuschauen, sobald der Gegner ihn aus der Hand wirft.

Sätze, die schon jedem Spieler geholfen haben

Tipp 1

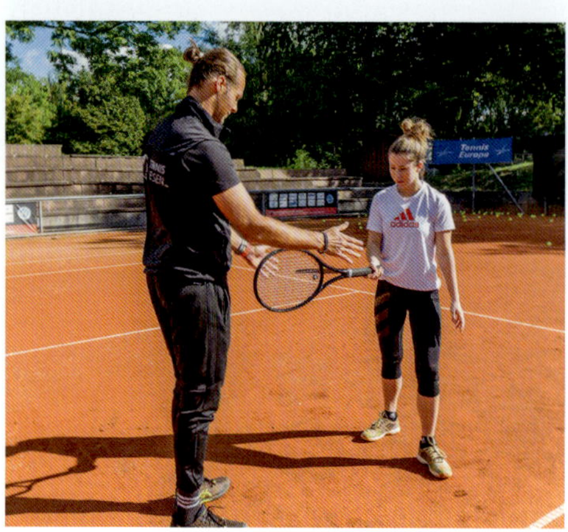

Tennis spielt man neben dem Körper und vor der Hüfte.

Zu viele Spieler haben im Kopf, dass man ihnen gesagt hat, Tennis würde man vor dem Körper spielen. Damit ist natürlich schon das Richtige gemeint, doch die meisten setzen den Treffpunkt dann vor den Bauch. Dieser Satz hilft zu verstehen, dass man genug Platz braucht, um seinen Schlag auszuführen.

Tipp 2

Der Ellenbogen funktioniert beim Tennis wie ein Stoßdämpfer.

Um mit dem Körper den Schlag zu unterstützen und hinter dem Ball zu stehen, ist dieser Satz eine gute Möglichkeit zu erklären, wie der Arm seine Position einnehmen sollte. Man vermeidet so das zu „späte" Treffen des Balles und unterstützt den ersten großen Muskel aus der Schulter.

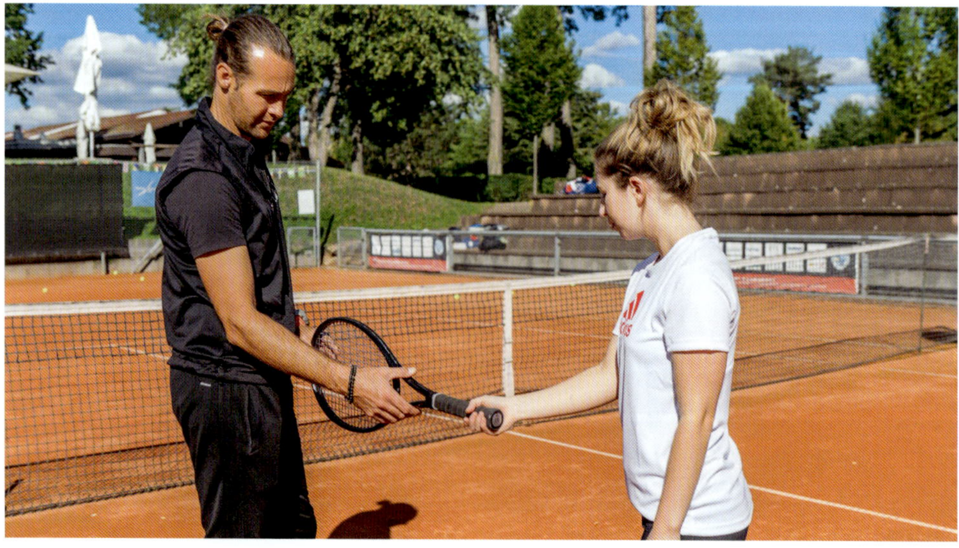

Tipp 3
Nicht so spielen, dass der Gegner nicht an den Ball kommt.

Wenn es um Punkte geht, habe ich beobachtet, dass viele Spieler versuchen, den Ball immer so zu spielen, dass der Gegner nicht hinkommt. Dies ist grundsätzlich der richtige Gedanke, aber leider der falsche Ansatz. Denn das Einzige, was wir kontrollieren können, ist unsere Bewegung und nicht die Lauffähigkeit oder Verteidigungskunst des Gegners. Konzentrieren wir uns also auf unseren Einflussbereich und versuchen, den Ball so zu platzieren, wie wir es uns vorgenommen haben. Denn genau darauf können wir Einfluss nehmen. Wenn es dann zu einem Punkt kommt, weil der Gegner nicht den Ball erreicht, ist es ein positiver Faktor fürs Spiel. So kann man sich darauf konzentrieren, seine Schläge mit bester Qualität zu spielen.

Tipp 4
Die Vorstellungskraft

Wie möchte ich den Ball schlagen? Wie ist der Laufweg in dieser Situation?
Nur wenn ihr vorab schon wisst, was ihr machen wollt, könnt ihr euch ein ehrliches Feedback geben.

Mein Tipp: Nicht nur aufs Improvisieren verlassen, sondern eine klare Vorstellung haben, wie man in der jeweiligen Situation einen Ball schlägt.

FOKUS

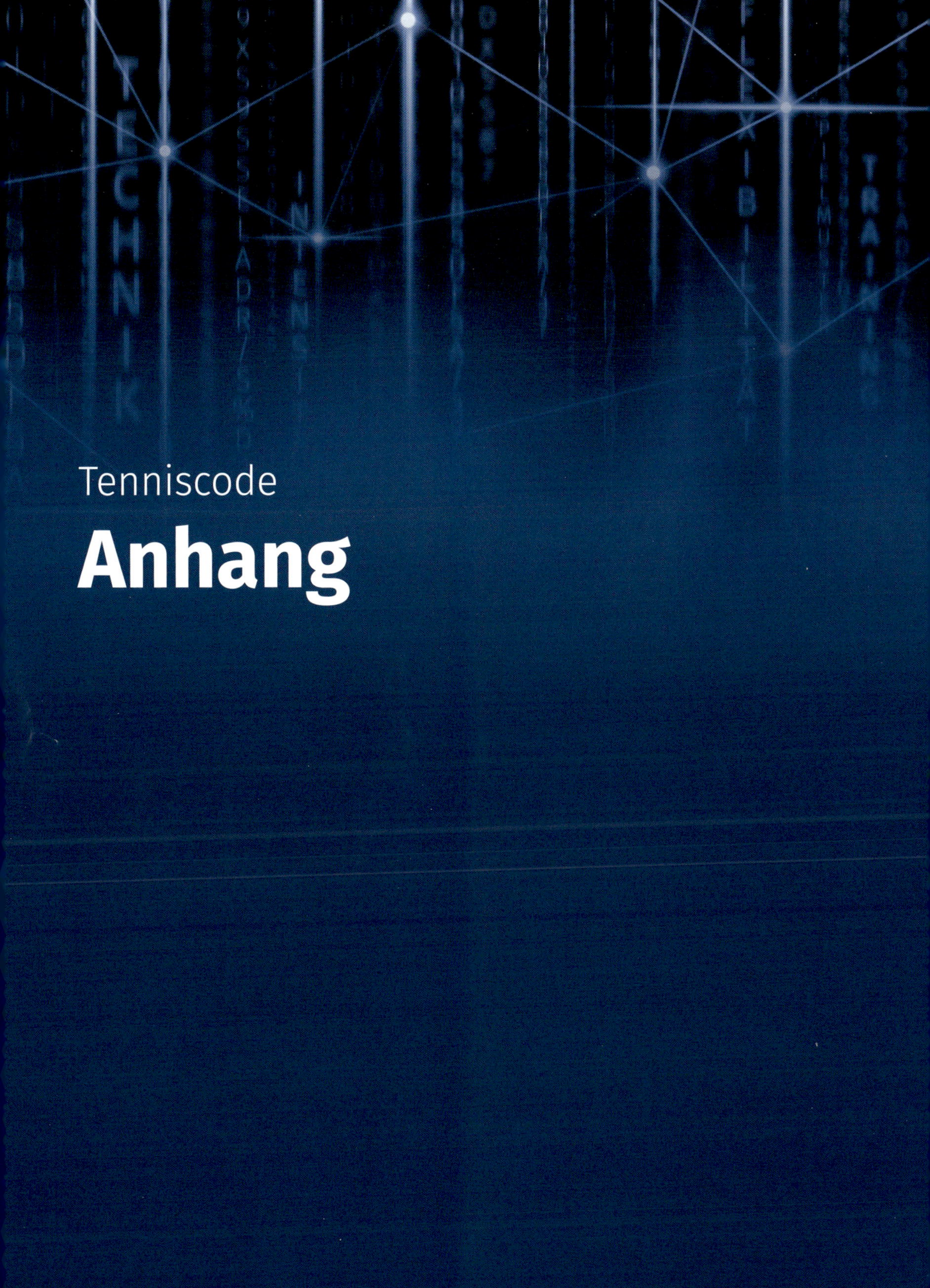

Tenniscode

Anhang

Fazit

Ziel des Buches ist es zu verstehen, was man selbst oder der Trainer während des Trainings macht und warum. Das Tennisspiel wurde daher vereinfacht dargestellt und in einzelne Elemente aufgeteilt. Aus meiner Erfahrung habe ich die verschiedenen Schritte kategorisiert und erklärt, ohne näher auf wissenschaftliche Hintergründe einzugehen. Die Tipps sind als ein Leitfaden gedacht, um das eigene Tennis-Spiel zu verbessern.

Denn trainieren kann man nur, worauf man Einfluss hat:
die eigenen Bewegungen, das eigene Handeln.

Es geht um das Verständnis und den Ansatz von **Lernen, Verbessern** und **Spielen**.

- **Lernen** betrifft die Arbeit auf dem Zeitstrahl.
- **Verbessern** erlangt man durch das Verstehen, auf welchem Zeitstrahl man ansetzen muss, um das Ergebnis zu erzielen.
- **Spielen** bedeutet, Entscheidungen zu treffen, d. h. abzuwägen, in welchem Verhältnis das Risiko zur Sicherheit des Schlages steht.

Danksagung

Danke, dass du dich für mein Buch entschieden hast.

Danke an meine Frau! Teamwork makes the dreamwork. Ohne ihren Rückhalt und ihr Verständnis ist die Ausübung so einer Leidenschaft nur bedingt möglich!
Danke auch an Eva Krejcova für ihren Support und das Vertrauen über Jahre hinweg in mein Wissen und meine Arbeit. Für ihre Meinung als Spielerin, Trainerin und Freundin bin ich sehr dankbar!
Spezieller Dank geht an meine Schülerinnen Steffi und Olivia. Beide sind kritische Leserinnen und Mitdenkerinnen der ersten Stunde dieses Buches.
Danke, lieber Bruder Felix! Durch dich bin ich ein besserer Trainer geworden. Du hilfst mir täglich, mich zu verbessern und mich weiterzuentwickeln. Die Augen eines Bruders sehen einfach mehr als andere. Dieses Buch ist eine, wie ich finde, schöne Art, dir zu danken für alles, was du für mich tust. Wir sind einfach das beste Team!

Impressum

Tenniscode
Das Erfolgsprogramm für Tennisspieler
ISBN 978-3-96416-069-0

Autor
Moritz Jessen

Herausgeber
Neuer Sportverlag

Projektleitung und Redaktion
Hendrik Schulze Kalthoff, Nadine Müller

Gestaltung
Joschka Silzle, Hendrik Schulze Kalthoff

Layout, Satz und Bildbearbeitung
Janina Reuß, Hendrik Schulze Kalthoff

Produktion & Vertrieb
Neuer Sportverlag, 71332 Waiblingen, www.neuersportverlag.de

Bildnachweis

Fotografie
Hendrik Schulze Kalthoff, Neuer Sportverlag

Fotoshooting-Location und Spieler
Vielen Dank an den TC Waiblingen, auf dessen Clubanlage wir das Fotoshooting zum Buch durchführen konnten. Herzlichen Dank an die Spieler/innen Sofi Hettlerova, Olivia Richter und Andy Bianchi.

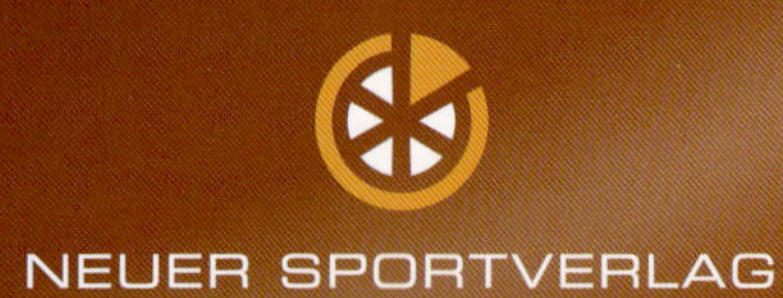

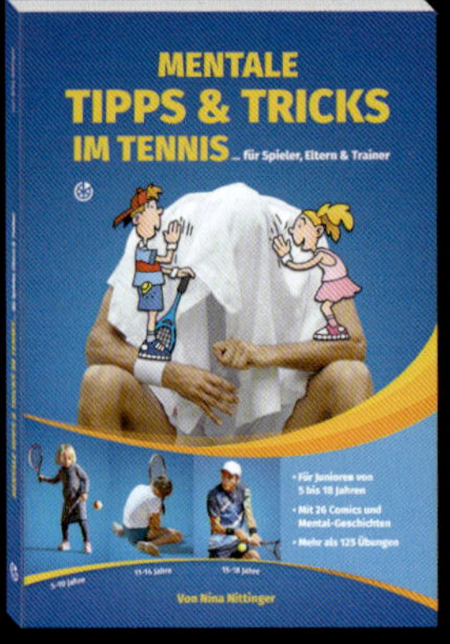

Mentale Tipps & Tricks im Tennis

Ein praktischer Ratgeber der Tennisspielern zwischen 5 und 18 Jahren, Eltern und Trainern mit wertvollen Tipps, Tricks und Übungen hilft, die verschiedensten anspruchsvollen Situationen vor, beim und nach dem Match optimal zu bewältigen. Durch das richtige und kontinuierliche Anleiten und Anwenden der Tipps und Übungen können Spieler ein Repertoire an mentalen Fertigkeiten aufbauen und sie selbstständig in ihren Matches einsetzen.
Mit Mental-Comics in jedem Kapitel.

ISBN 978-3-96416-017-1 **EUR 19,50**

My-Pocket-Coach Tennis – Mit der richtigen Taktik zum Erfolg

My-Pocket-Coach Tennis ist der unverzichtbare Ratgeber für jeden Tennisspieler, um in schwierigen Situationen die erfolgversprechendste Lösung parat zu haben. My-Pocket-Coach Tennis gibt ambitionierten Spielern die taktischen Tipps für das Match, die den Weg zum Erfolg ebnen. Wer ein Match gewinnen will, muss wissen, wie er seinen Gegner besiegen kann.

Einfach eine individuelle Auswahl an Karten zusammenstellen, an das Schlüsselband hängen und die Tipps sind jederzeit in der Tennistasche bereit.

ISBN 978-3-938023-65-5 **EUR 29,90**

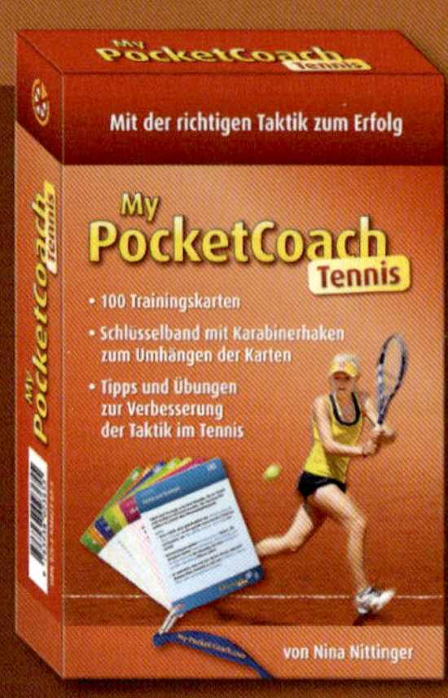

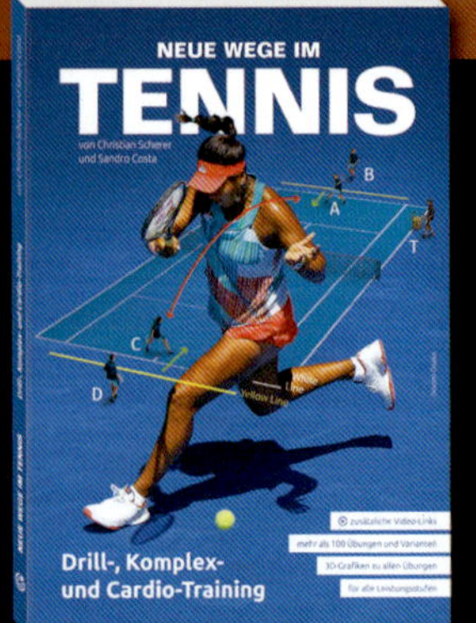

Neue Wege im Tennis – Drill-, Komplex- und Cardio-Training

Neue Spiel- und Übungsformen, die im täglichen Training für verschiedene Zielgruppen sofort angewendet werden können. Sämtliche Übungen werden durchgängig mit 3D-Court-Grafiken visualisiert, welche eine schnelle Erfassung der Übungsdurchführung ermöglichen. Die vier Hauptkapitel des Buches beinhalten folgende Schwerpunkte: Zielgruppen, Trainingsformen, Komplextraining und Cardio Tennis. Zusätzliche Video-Links – mehr als 100 Übungen und Varianten – für alle Leistungsstufen.

ISBN 978-3-96416-005-8 **EUR 19,50**

Weitere Publikationen und versandkostenfrei bestellen unter **www.neuersportverlag.de**